Assumer l'Invisible Vivant

Claude VANKERREBROUCK

Assumer l'Invisible Vivant

Sortir de l'inconscience

Suivi du

Pèlerin D'Emeraude

SOMMAIRE

Travailler à l'Invisible Vivant....   71

Métanoïa, transformation…. 115

Le Pèlerin D'émeraude 145

Glossaire 269

« *Ne commence rien sur la terre, s'il ne trouve sa fin au ciel ; ne marche pas sur un chemin qui n'aboutit pas au ciel.* »

Saint Charbel

« *Nul ne sait d'où il vient, ni où il va, de mémoire d'âme voici sa voix, sans aucun doute hérétique, Dieu merci !* »

Le Pèlerin d'Emeraude

« *Tu prends la pilule bleue, l'histoire s'arrête là, tu te réveilles dans ton lit, et tu crois ce que tu veux. Tu prends la pilule rouge, tu restes au Pays des Merveilles et je te montre jusqu'où va le terrier.* »

Matrix

.

PROLOGUE

En souvenir d'Arachné.

« Tout à coup, une femme vint frapper à la vitre de mon véhicule. Sur le coup, je suis dans l'incapacité de remettre un nom sur son visage ; m'appelant par mon prénom, sans nul doute, elle me connaît. Que pouvait donc bien signifier cette joie sur le visage ?

Depuis un moment, elle cherchait à me voir pour me remercier. D'accord, mais de quoi ? Cela me rendait perplexe ! Pourquoi son visage avait-il disparu de ma conscience moi qui suis d'ordinaire physionomiste ? Voyant mon désarroi pour lui répondre, elle me raviva la mémoire.

Six mois auparavant, j'étais venu lui prodiguer des soins infirmiers. Lors de notre rencontre, je me suis souvenu, lui avoir parlé de la lourdeur de son appartement. Il s'y trouvait bon nombre d'entités, d'âmes désincarnées et des mémoires actives négatives importantes. Sans aucun doute c'était la cause de son mal être y compris celui de sa fille. Après le soin paramédical prodigué j'avais procédé au dégagement qui s'imposait pour son environnement. Depuis je ne l'avais plus revue.

Quoi qu'il en soit, elle tenait à m'annoncer que tout était rentré dans l'ordre. Sa joie en était manifeste et elle me remercia très chaleureusement.

Sa fille n'avait plus de vision d'âmes errantes. Désormais, les ombres s'étaient dissipées et elle dormait sans avoir besoin de lumière.

Quant à elle, dépressive à l'époque, elle avait retrouvé en quelques mois, la forme, le goût de vivre, l'envie de travailler, y compris même de prendre soin d'elle. Pour cette personne, pas de doute possible, ce retour à la vie telle une résurrection provenait du travail vibratoire opéré, à la fois sur toutes les deux, mais aussi en son appartement.

Je dois, effectivement, vous avouer que sa métamorphose était réellement surprenante. J'étais en présence d'une nouvelle femme radieuse qui ne ressemblait en rien à celle que j'avais pu connaître. Cette transformation surprenante, je la devais à une rencontre de 30 minutes pas plus. »

Même si je ne suis pas étonné de cet état de fait, je reste toujours émerveillé de ce qu'une vie puisse basculer à ce point simplement à partir d'une rencontre si éphémère.

Tout ceci pour dire qu'une vie peut se trouver comme gelée, emprise dans des liens méconnus, ignorés. Qu'il suffit de peu, pour les hommes de bonne volonté, de délier les personnes de leurs entraves.

Je tiens à dire à ceux qui me liront que je n'ai rien d'exceptionnel, je ne suis ni saint, ni doté de dons particuliers de naissance ; j'utilise simplement ces capacités spirituelles qui gisent encore en chacun de nous, tel un don abandonné.

Faute d'avoir délaissé ces facultés de l'âme, nos destins sont liés par des forces sombres agissantes. Par excès de liens, de tous ces fils néfastes inconscients, notre vie se trouve comme figée, emprise dans un cocon aux fils d'acier, créé par Arachné, la tisse-rande des destins. Depuis bien longtemps, elle passe la majeure partie de son activité à lier le destin des hommes au lieu de le tisser, et je vous assure qu'elle a beaucoup de fils à retordre, tant les fils deviennent de plus en plus épais.

Mais qui est Arachné ?

Une mortelle qui dans son orgueil voulut rivaliser avec la déesse Athéna. Tisserande autodidacte, lors d'une épreuve entre elle et la déesse, la mortelle surpassa l'œuvre d'Athéna laquelle excel-lait dans l'art de tisser.

Par ailleurs elle s'était permise dans le choix du thème de sa pièce tissée de représenter Zeus dans tous les subterfuges utilisés pour séduire les femmes des hommes, les mêmes usités par les autres dieux.

Devant son insolence, Athéna déchire son ouvrage et Arachné, humiliée par cet affront de dépit alla se pendre.

Quant à Athéna prise de remords, elle lui redonna vie mais elle lui attribua le corps d'une araignée capable de continuer son art de la toile, la vie pendue à un fil, attendant sa proie.

Voici la malédiction qu'elle proféra à son encontre : "Vis, lui dit-elle, malheureuse ! Vis ! mais néanmoins sois toujours suspen-due. N'espère pas que ton sort puisse changer. Tu transmettras d'âge en âge ton châtiment à la postérité"

Aujourd'hui, « Arachné », l'araignée est vue dans beaucoup de mythes comme la tisserande du destin des hommes. Aussi, réa-lise-t-elle sa mission en partant soit de leur conscience ou bien de leur inconscience.

Aujourd'hui, elle se résout bien à contre cœur à créer le destin des humains en fonction de la méconnaissance d'eux-mêmes to-talement entravés par l'inconscient personnel et collectif.

Le libre destin existe-t-il ?

Jadis pour Arachné, créer le libre destin pour un homme était de l'ordre du possible mais aujourd'hui les donnes ont changé. Depuis quelques siècles, sa mission initiale a pris fin car la « matrice de l'histoire » s'est chargée de lui en confier une nouvelle. Plus que maudite, elle en est devenue son esclave. Est-ce une réalité implacable ? Non, le libre destin est encore de l'ordre du possible, quelque part c'est à vous maintenant d'aider Arachné. Vous pouvez aussi ne rien faire, tout ira bien, ce sera sans douleur, et surtout sans aucune conscience…. A ceux-là je leur dis : faites de beaux rêves !

Par excès de ses fils, et ce depuis trois à quatre siècles, elle n'a pas d'autres choix que de vous mettre dans un cocon qui vous enclos et vous endort dans la mort. Pour l'instant, les coquilles plus ou moins soyeuses s'accumulent en masse sur la toile et les hommes sont dans ce sommeil entretenus dans l'illusion de la vie tout comme dans un rêve.

Permettez-moi de vous faire, ici un petit aparté. Si vous ne connaissez pas, la trilogie Matrix, je vous invite urgemment à aller la regarder. Plus qu'une allégorie de notre vie, ce film traduit notre réalité, son message reste tout simplement prophétique.

A ce jour, nous sommes au tout départ de la matrice machine : Matrix. En voici une parole clé du film :

« Tu prends la pilule bleue, l'histoire s'arrête là, tu te réveilles dans ton lit, et tu crois ce que tu veux. Tu prends la pilule rouge, tu restes au Pays des Merveilles et je te montre jusqu'où va le terrier. »

Ce que je développerai dans cet ouvrage va dans une certaine mesure en ce sens.

Mais revenons au personnage qui nous intéresse Arachné. Souvenez-vous de cette rebelle, qui dénonce les mensonges des dieux et aime la vérité. Était-ce de l'orgueil de sa part ? Je demande à voir, tout est question de point de vue, celui des hommes ou celui des faux dieux. Aussi lorsqu'un individu parvient à accéder à la connaissance de lui-même, elle s'empresse de lui montrer avec plaisir quel est son véritable destin. Elle l'ordonnera à partir des petits reliquats de sa conscience jusqu'au jour où l'homme enfin libre parviendra à se libérer complètement de sa toile.

« Ô Arachné ! Toi qui perçois l'invisible, et ordonnes l'avenir des hommes, puisses-tu, un temps prochain, retrouver la joie de conduire les vivants vers leur patrie. Un jour, j'espère te voir, à ton tour, délivrée de ta malédiction de créatrice de destin.

O humain, comprends ceci : si le destin existe, il est dû à ta déraison, mais pour l'homme libre et accompli nul destin n'existe. Chaque jour devient alliance éternellement nouvelle avec la Vie. »

A quand ta liberté Arachné ?

Puisse la lecture de cet ouvrage vous aider à retrouver la voie de la liberté, celle de l'âme. Et en chemin offrir avec joie à Arachné l'opportunité de se libérer de sa malédiction.

Remarque :

Les exemples cités dans cet ouvrage, mis à part ceux du Pèlerin d'Emeraude, sont véridiques. Les situations présentées ont été quelque peu modifiées pour respecter l'anonymat des personnes.

PREFACE

Au tout début de mes premiers pas dans l'Invisible Vivant, y repose une expérience toute surprenante, celle de l'exploration du champ énergétique d'un arbre, encore appelé aura. En son sein, je pouvais y ressentir des couches concentriques d'une nature quelque peu différente.

Etais-je en présence d'un phénomène positif ou négatif ? Là je n'avais pas de réponse claire. Toutefois, j'avais un tout premier indice, cette même similitude de disposition alternée se retrouve physiquement dans la coupe transversale d'un tronc d'arbre, où les fibres du bois y apparaissent organisées en couches concentriques, plus sombres, visibles à l'œil nu. A partir d'elles, les scientifiques peuvent nous donner des informations quant à la vie de l'arbre et de son histoire physico-chimique. Déjà, quelque chose de l'histoire transparaissait, en était-ce la clé ?

A l'origine de cette découverte, la réitération d'un incident précis m'incitait à aller plus en avant, encore, dans sa compréhension.

Lors de l'apprentissage du ressenti avec les stagiaires, il y avait un passage obligé : détecter les champs énergétiques, notamment, celui des arbres. Bon nombre d'entre eux se disaient perturbés dans leur perception à cause de certains parasitages. De fait, ils détectaient dans l'aura de l'arbre des strates plus ou moins distantes les unes des autres, lesquelles la plupart du temps étaient perçues comme négatives.

Je devais bien admettre l'existence de ces strates, toutefois cet état de fait me laissait perplexe quant à leur véritable nature, celle d'être négatives ou non.

Pour cela, J'interrogeais des énergéticiens pour avoir des réponses à ce sujet. Tous m'en parlaient en termes d'harmoniques, une sorte d'onde qui se répétait avec un ordre précis relevant des mathématiques de Pythagore. Dans les faits, cette explication me semblait peu convaincante car d'harmoniques, je n'en trouvais pas.

Un autre aspect avait retenu mon attention, à savoir l'unanimité des stagiaires hypersensitifs à relier ces strates à quelque chose de toujours négatif ayant à voir avec l'histoire de l'arbre. Si l'harmonie, sous-entend, quelque chose d'heureux, ici les stagiaires en semblaient en dire tout le contraire.

Personnellement, j'avais encore un autre indice ; lorsque je me plaçais sur l'une de ces couches, mon propre champ vibratoire s'en trouvait altéré, il se rapetissait, ce qui était en faveur, là encore, d'une réalité nocive.

Mais alors que faire de tous ces indicateurs ? Quel enseignement pouvais-je en tirer ?

Devant mon incapacité à pouvoir leur répondre plus clairement, je me devais de résoudre cette énigme avec une autre approche, mais cette fois-ci, plus expérientielle,

Aussi je décidais, avec l'accord de l'arbre, d'essayer de lui retirer ces couches concentriques identifiées, selon moi, comme nocives. Quelle ne fut pas ma surprise de les voir disparaître avec pour incidence majeure, de constater l'accroissement de son rayonnement énergétique. Au final, ces strates d'une autre nature exprimaient bien quelque chose des nuisances enregistrées par l'arbre au fil de son existence, nocivités ô combien énergivores.

Le simple fait de les lui enlever allégeait la dynamique vibratoire de l'arbre avec pour conséquence une augmentation de son aura. En général, une expansion aurique signe pour son porteur, une perte de stress, non seulement du corps mais surtout de l'esprit et de l'âme. Plus aucun doute, cet arbre se trouvait soudainement dans un certain mieux-être. Quelque chose de son histoire de vie avait été éradiqué, les strates concentriques avaient disparu. Ces strates étaient à mettre en relation avec le monde des mémoires négatives.

Quelques jours plus tard, je m'assurais toujours de savoir si celles-ci n'étaient pas revenues. Et j'eus la confirmation qu'elles étaient effacées une fois pour toute.

Après l'étape de l'arbre, je me mis à explorer les champs énergétiques des objets, des lieux, et là même constat, chaque fois au retrait des mémoires plus d'énergie apparaissait.

En fin de compte, il ne restait plus qu'à me prendre pour sujet d'étude afin de continuer ma recherche.

Avec le même protocole, je supprimais chaque strate négative en mon champ aurique. Résultats : les effets constatés étaient semblables à ceux des expériences précédentes à savoir accroissement de l'aura avec changement de couleur vibratoire, puis apparition d'un sentiment de bien-être sur fond d'une grande liberté.

Mais attention, rassurez-vous, je ne suis pas devenu amnésique, de fait, je garde encore mémoire des bons et mauvais moments de ma vie mais, je sais que je ne suis plus tributaire des intelligences obligeantes directement liées à ces mémoires. S'il est un maître mot de tout ce travail, le voici : Liberté.

Quoi qu'il en soit, cette expérience fut pour moi le point de départ, non seulement de ma découverte du monde des mémoires, mais aussi celui de mon apprentissage en tant qu'effaceur de mémoire dans ce grand monde, que j'ai intitulé du nom « d'Histoire Matricielle ».

J'entends par ce terme, ce grand inconscient collectif dans lequel se déploie moultes intelligences obligeantes reliées à une histoire ; dotées de vie, elles sont très énergivores psychiquement, physiquement et spirituellement. Jadis, elles étaient encore appelées du nom de démons par certaines traditions religieuses.

Le pouvoir de l'effacement avait pris naissance. La question restait alors celle-ci, d'où provenait ce don ? Pourquoi ? Comment le gérer avec justesse ? Avec le temps, j'ai pu mieux cerner la véritable nature de l'Invisible Vivant, y compris dans sa modalité de fonctionnement.

Introduction

Je vais vous parler de l'Invisible Vivant, non seulement de l'existence de formes de vie qui existent au-delà de ce plan physique, ce qui me semble communément accepté par ceux qui s'intéressent aux mondes subtils mais aussi de son organisation proprement dite. Vous avez tous entendu ou lu maintes histoires comme celles, par exemple, des esprits qui hantent les lieux, des âmes errantes, des maisons agitées par des forces démoniaques, des personnes atteintes de magie, de sorcellerie...

Oui, en cela il y a présence de vie dans cet espace surnaturel mais dire que c'est cela l'Invisible Vivant, ce serait très réducteur et bien loin de la réalité.

Si la vie dans l'invisible existe, c'est parce qu'il est lui-même vivant, il permet en son sein l'existence de la vie en notre monde mais aussi en son au-delà. Vous savez, je vais vous parler de cette réalité mais soyons clair, de celle-ci, je n'en connais à peine 20% ; lorsque je remonte dans le temps, je vois que l'humanité dans son histoire en avait décrypté à peu près 60% puis progressivement, c'est tombé dans l'oubli mais pas tout à fait pour tout le monde ; il existe une toute petite minorité de personnes qui en connaissent, encore, les lois et détournent l'Invisible Vivant pour apporter destruction et mort comme les magiciens ou les sorciers..., pour les autres c'est rangé au rang de folklore par notre monde moderne.

Concrètement, cela veut dire qu'il y a encore beaucoup à comprendre intellectuellement, pour que nous parvenions à être parfaitement clair-conscient et clair-agissant, réellement conscient de l'impact de notre présence en ce monde sur le plan de l'invisible. Maintenant, pourquoi en parler si j'en connais si peu ?

Si je le fais c'est tout simplement pour vous donner l'envie de vous mettre en quête, de vous mettre en chemin parce que c'est en route qu'il est donné de découvrir l'Invisible Vivant.

Est-ce qu'un bébé connaît tout de notre réalité visible et invisible en venant au monde ? Bien sûr que non, mais il en perçoit et ressent quelque chose, toutefois, l'intelligence qu'il pourrait en avoir ne peut être à son stade de développement. Pourtant, pour l'avoir vécu, les bébés y compris les jeunes enfants perçoivent l'invisible, parfois de façon effrayante, c'est une réalité.

Au terme de notre vie, nous aurons aussi, à nouveau, des perceptions extrasensorielles, et là vous entendrez vos proches dire, ce que vous avez jadis probablement dit à vos enfants : « Mais papa, tu dis des bêtises, arrête maintenant, tu délires, il n'y a rien ». Voilà l'ultime mensonge !...

Vous savez depuis qu'il m'a été donné de percevoir l'invisible, je me considère toujours comme un enfant en train d'apprendre. Je ne suis jamais satisfait de ce que j'ai trouvé. Parfois ce que je pense avoir trouvé quelque chose sur les plans subtils, je m'imagine que c'est le cœur de l'intelligence de l'invisible ; finalement je m'aperçois que je ne suis qu'en présence d'un symptôme dont il faut encore rechercher la cause.

J'aime cette histoire racontée par Homère « *Celui qui est obligé de suivre* » (VIIIème siècle av. JC) celle d'Œdipe et du Sphynx, souvenez-vous : après avoir tué son père, Œdipe arrive à l'entrée de Thèbes pour y affronter le Sphynx qui terrorise la ville. Ce destructeur monstrueux disparaîtra à l'unique condition que son énigme soit résolue par quelqu'un.

Cette énigme la voici : « Quel être possède quatre pattes le matin, deux le midi et trois le soir ? ».

Beaucoup s'y sont essayés et ont été dévorés par le Sphynx. Alors que me répondriez-vous ? Si votre réponse était celle-ci : « L'homme qui lorsqu'il est bébé marche à quatre pattes puis plus tard à deux et au terme de sa vie à trois parce qu'il a besoin d'une canne », il y a fort à penser que le Sphynx vous aurait dévoré.

La véritable réponse adressée au dévorant serait plutôt celle-ci : « L'énigme dont tu me parles, c'est l'homme, mais tu as raison, il restera toujours une énigme », en disant cela il donne la réponse en laissant toujours l'homme dans le champ de l'énigme.

Le Sphynx symbolise le monde de la réponse qui enferme, qui tue et qui clôt le débat, un démon jailli du monde de nos réponses totalitaires.

Quoi qu'il en soit, devant la réponse faite par Œdipe, le Sphynx sera mis en échec, et la légende dit qu'il se suicide. Si nous avançons dans l'existence en cherchant des réponses, le mensonge s'y cachera bien souvent derrière chacune d'elles, et nous ne récolterons que de la violence. Si vous parlez de Dieu en termes d'affirmations aveugles et obstinées, alors ce faux dieu devient à son tour un monstre hideux qui déchaîne violence, meurtres, attentats...

Aujourd'hui, c'est dans cet esprit que je tiens à partager avec vous quelque chose de cet Invisible Vivant. L'idée n'est pas de le dominer, de le soumettre, de l'emprisonner dans des concepts qui pourraient nous rassurer, mais c'est plutôt dans l'idée d'un « vivre avec » et ce dans l'harmonie.

L'Invisible Vivant, par essence, il change, il évolue et nous de même aussi nous ne pourrons jamais décrire ce qu'est cette réalité, tout du moins nous l'approcherons jour après jour avec de plus en plus de justesse. Un seul maître mot pour cela : « la VIE », le respect de toute vie.

Dans une première partie intitulée « Assumer l'Invisible Vivant », je m'attacherai à vous présenter en quoi la prise de conscience de l'existence de cet Invisible Vivant va de pair avec l'acte d'en prendre soin. Nous devons en prendre acte et assumer nos choix qui en découlent de par cette solidarité intrinsèque avec notre autre réalité sinon nous vivons notre existence tels des amputés de la Vie.

L'Invisible Vivant, une fois reconnu, il est impossible de nous en dédouaner, de faire comme si nous n'avions rien vu.

Dans une seconde partie « travailler à l'Invisible Vivant », je vous amènerai à comprendre en quoi consiste cette mission engageante celle de travailler à notre méta-réalité. Méta au sens d'au-delà ou d'à côté, quelque part travailler à cette seconde partie de la réalité laquelle reste méconnue dans sa dimension immatérielle.

Puis en troisième partie « Métanoïa », Je vous aiderai à comprendre que le travail avec l'Invisible Vivant, au service de la Vie, vous conduit vers une transformation profonde de votre être. Il s'agit d'aller au-delà de nous-même pour y découvrir le Tout Autre. Ici la figure du Christ nous permettra de comprendre quelque chose de ce changement ontologique (science de l'être) qui se produira en vous.

En final, conjoint à ce livre, « Le Pèlerin d'Emeraude » un récit initiatique, à travers lequel vous pourrez comprendre comment s'opère cette « Métanoïa » à travers la rencontre de deux personnes éprises de cet Invisible Vivant.

Assumer l'Invisible Vivant....

Voyez-vous, au fil de ces dernières années, j'ai pris conscience que l'invisible en soi est d'abord constitué de forces intelligentes fondatrices de toute forme de vie. Voyez-vous, j'ai un corps, il est à la fois constitué de visible et d'invisible. Lorsque je mourrai, mon enveloppe physique restera sur terre et me retrouverai détaché du visible pour entrer dans un Invisible Vivant ou « mal vivant » voir moribond. Mon seul but à l'heure d'aujourd'hui, c'est de pouvoir y entrer à mon tour, vivant, dans cet invisible et d'y être au diapason avec la VIE. Mon unique objectif le voici : rendre la vie à cet Invisible Vivant et y travailler de tout mon être. Quelque part il s'agit de lui restituer toute sa liberté. Il y va sans nul doute ici d'une écologie de la méta-réalité, d'autres diraient encore écosophie des lois qui gouvernent l'immatériel

Tout au long de mon exposé j'aurai recours à un langage spirituel et notamment celui véhiculé par la tradition chrétienne.

Cette lecture spirituelle que je ferai de certains versets des évangiles m'est propre et fait partie d'une interprétation possible parmi d'autres. Maintenant suis-je dans le respect des traditions théologiques et exégétiques ? ici n'est pas mon propos. Cette lecture a pris tout son sens à partir de ce que je vivais spirituellement à proprement parler à travers ce monde de la méta réalité dans lequel j'ai pris vie.

Le point de départ de mon approche de la réalité non ordinaire s'est établi sur la prise en compte de la constitution tripartite inhérente à tout existant : corps, âme et esprit.

Par la dimension de l'âme chez l'homme, nous sommes tous des êtres inscrits dans une incarnation, nous ne sommes pas un ange, l'ange n'est qu'un esprit, mais l'homme peut être habité en son âme par la Transcendance et la manifester en la création. Personnellement, j'ai choisi comme témoin de cette dynamique de vie : le Christ.

Il employait une formule bien à Lui pour dire la condition de ceux qui n'étaient pas encore éveillés à la Vie. A l'un d'eux qu'il voulait appeler à sa suite, ce dernier lui signifie qu'il devait s'occuper des funérailles de son père décédé. Voici quelle fut sa réplique : « *Suis-moi, laisse les morts enterrer leurs morts, toi suis moi* » (Mt 8.22). Ici la mort est à comprendre au sens de ceux qui sont comme endormis dans l'inconscience et dont la vie est sous la gouverne de ces forces malveillantes, de celles qui vous enferment dans le monde des réponses, des habitudes toutes faites, des lois, des rituels, des dogmes, des coutumes, des croyances... La thématique mort - résurrection se retrouvera tout au long de la vie du Messie.

Pour moi le Christ, s'il est le Ressuscité d'entre les morts, et s'il nous invite à ressusciter les morts, n'est-ce pas là un appel lancé à tous les hommes à se réveiller et à sortir de leur tombeau celui du monde mémoriel des réponses ?

Le véritable travail spirituel le voici dans ces trois choses essentielles qu'il demandait à ses disciples, base de toute vie en relation avec Dieu : « *Chassez les démons, guérissez les malades et ressuscitez les morts* » (Mt 10.8). La toute première est pour moi primordiale, sans elle, les deux autres invitations ne peuvent exister en vérité. Je tiens aussi à vous faire remarquer que ces trois injonctions furent constantes dans la vie du Christ, il les réitèrera encore même après sa résurrection, théologiquement qu'est-ce que cela veut dire ? S'il est mort et ressuscité, et si par Lui nous sommes sauvés alors pourquoi réévoquer cela ? Serait-ce que rien n'a changé le monde du mal suite à sa mort et sa Résurrection ? Dans cette invitation de « chasser les démons et de guérir les malades », serait-ce qu'il s'y joue à cet endroit-là quelque chose de la VIE ?

Une fois que vous devenez vivant, cela ne peut l'être seulement pour vous-même. Devenir vivant, c'est avoir ce sens aigu de la Vie pour tous ceux qui ne le sont pas encore.

Chasser les démons, c'est être capable de remettre de l'ordre dans ce monde de ces intelligences diaboliques qui se sont installées, ci et là, au point d'en étouffer la Vie, j'entends « diabolique » au sens de ces forces qui nous éloigne du symbolique, de cette unité de l'être avec le grand tout. L'invitation de chasser les démons, nous fait sortir d'une problématique personnelle pour entrer dans celle collective. Il n'y est plus question de mon petit salut personnel, ce qui m'importe c'est d'apporter avec Lui la vie à ce monde. En y engageant corps, âme et esprit quelque chose de mon salut se confirme, s'affirme. J'en deviens le témoin et le garant.

Il est encore une autre phrase de Jésus que j'ai faite mienne : *« Tout ce que vous aurez lié sur terre, sera lié au ciel, tout ce que vous aurez délié sur terre sera délié au ciel »* (Mt 18.18). Lorsque nous aurons compris que le ciel et la terre reposent entre nos mains et que nous avons reçu cette faculté de leur rendre leur lumière, ou bien l'inverse que nous contribuons bien plus souvent à l'accroissement des ténèbres, alors nous aurons fait véritablement nôtre cette parole du Christ, relative au pouvoir des clés, celui de lier ou de délier.

Vous savez, ce n'est pas le ciel qui se chargera de notre évolution mais c'est l'homme qui sera l'élément moteur de cette transformation avec l'aide du ciel. *« Connais-toi toi-même, et tu connaîtras l'univers et les dieux ! »*, pour cela il y a cette injonction fondamentale celle du « Va vers toi » et là tu découvriras le chemin qu'il te faut parcourir !

Celui qui va vers lui, que découvre-t-il ?

Par une démarche vraie, il prend conscience qu'il fait corps avec toute la création visible et invisible, il se découvre capable de discerner entre le bien et le mal, capable de discerner le diabolique du symbolique. Si je veux discerner sur la réalité immatérielle il me faut me connaître, être au clair avec moi-même.

Voici deux histoires :

La première :

En 2012, une jeune femme m'appelle pour faire un rééquilibrage énergétique de son futur appartement. Je lui fais part de la nécessité de procéder aussi à un nettoyage vibratoire global de l'immeuble lourd d'histoire dans un contexte mémoriel pas du tout favorable au vivant. Surprise de ma proposition elle me dit : « A Non ! Pas question, pas sur l'immeuble, les résidents ne m'ont rien demandé et je n'ai pas le droit comme ça d'influencer leur vie. »

En conséquence, la voici prête à vivre dans un appartement quitte à supporter les effluves énergétiques délétères de son immeuble au nom du respect de la vie des autres. Curieuse vision de la vie du chacun pour soi !

Cette façon de penser révèle une personne qui se voit comme séparée des autres, totalement divise. Son égo, est tel qu'il lui en a fait oublier cette solidarité indéfectible que nous avons avec toute chose. Son égo l'a affranchie de la responsabilité de prendre soin des autres. Qui gouverne sa vie ? Un autre esprit malfaisant du « chacun pour soi », ici œuvre de mort, se gardant bien de partager la vie dans une solidarité avec l'autre, qui ne me voit, ni ne me connait. Un des principes fondamentaux de la Vie, c'est qu'elle donne et là où il y a un manque sans hésitation elle essaie de suppléer à ce dernier tant qu'elle le peut.

Cette jeune femme avait bien intégré en son existence la fameuse question diabolique : « De quel droit fais-tu cela, qui t'autorise à t'immiscer dans la vie des autres sans leur consentement, cela fait partie de leur vie karmique, tu ne dois pas interférer ? » En réalité n'ayant de discernement sur l'ordonnancement de la vie en général, l'attitude de cette femme manifestait une fidélité à la peur induite inconsciemment par le manipulateur. Après avoir débattu de cela avec elle, elle a compris du bienfait de ce que j'allais faire pour l'immeuble, pour tous ceux qui y résident et par voie de conséquence y compris elle-même.

La deuxième :

Mars 2016, une personne m'appelle parce qu'en lisant mon blog, elle a pu mettre des mots sur ce qu'elle vivait et ne comprenait pas jusqu'alors. Sa vie était devenue un enfer. Chaque fois qu'elle habitait un lieu, elle choisissait inconsciemment toujours un espace très chargé voir diabolique. Chaque fois elle faisait appel à des géobiologues qui, tant bien que mal, procédaient à des corrections lesquelles n'étaient jamais totalement satisfaisantes.

Pour son appartement actuel, elle avait fait appel à un homme qui travaillait avec les êtres de lumière. Dotée d'un don de médiumnité, elle le voyait effectivement accompagné d'un être lumineux. Toujours attirée depuis très jeune par le spirituel, la voilà partie à l'un des stages de formation qu'organisait le thérapeute des lieux avec cet espoir de recevoir, elle aussi, son être de lumière.

Là-bas, elle vit que tous les participants possédaient leur être de lumière sauf elle. Rassurez-vous, il lui fut vite proposé de recevoir le sien. Alors, en méditation les yeux fermés, un document placé sur ses genoux, il lui est demandé de le toucher, si tôt le contact établi, la voilà toute terrifiée parce qu'elle voit le diable.

Impossible lui dirent-ils, ce que tu as en main, c'est le plan de notre Eglise où nous réunissons pour prier, et c'est de là que nous

recevons notre être de lumière. Devant cette confusion monu-
mentale, elle quitta de suite le stage, non sans un certain malaise,
vous vous en doutez bien.

A l'écoute de son récit, et ce dès le départ, je pouvais dire que ce
qu'elle prenait pour des êtres de lumière étaient des forces démo-
niaques. De l'avoir éclairée sur ce point lui fut d'un grand récon-
fort. Elle comprit aussi que son hypersensibilité, l'obligerait à ac-
quérir des armes pour mettre de l'ordre dans son lieu de vie, ce
que nul ne savait faire, c'est-à-dire « chasser les démons ».

Discerner entre le vrai du faux, avancer avec justesse dans la vie, c'est tout un programme. Je vais maintenant essayer de vous en donner certaines pistes.

Aujourd'hui, l'humain est constitué de 30 % de conscience et de 70 % d'inconscience, et le plan dans lequel il évolue est un plan mental déconnecté du spirituel et du Divin. Ces chiffres n'ont pas toujours été constants dans l'histoire de l'humanité. Il y a 2000 ans, le rapport était inverse : 70% de conscience et 30 % d'inconscience, et l'homme était sur un plan spirituel. En l'an 1000, nous nous trouvons sur un point bascule où les deux pôles se retrouvent à égalité soit 50 %. Ce qui me pousse à dire que l'homme n'est pas fait pour être malmené par son inconscient, penser l'inconscient comme normalité constitutive de l'espèce humaine est un concept erroné.

Cet inconscient qui serait le lieu du refoulement de nos pulsions, de nos souvenirs, de ces désirs qui nous angoissent ou qui nous font honte, aujourd'hui je dis que ce lieu de mort n'a plus lieu d'être car s'il existe bel et bien, cela ne permet de l'instaurer comme réalité nécessaire bien au contraire. Si l'inconscient de l'homme a pris une telle force obligeante en l'humain, cela n'est pas intrinsèque à sa nature, cela l'est devenu par amnésie de ce qu'il est en vérité. Preuve en est, vous les verrez par cette faculté de l'effacement mémoriel, notre inconscient s'en trouve progressivement affaibli.

Oui, l'homme est fait pour se libérer et vivre hors inconscient, pour enfin mener toute notre création dans un même mouvement vers la Conscience. La Conscience est ce lieu que l'esprit de l'homme doit retrouver mais l'homme l'a oublié, il ne s'en souvient plus. Dans l'histoire, cela n'a pas toujours été le cas, l'homme avait conscience du monde où il vivait, il connaissait bien ce monde des intelligences. Socrate (470-399 av JC), quatre siècles avant Jésus Christ, ne nous dit-il pas : « connais-toi toi-même et tu connaitras l'univers et les dieux ! ».

Souvenez-vous qu'à cette époque l'homme a 70% de conscience, et il est sur un plan spirituel, aussi en leur bouche parler des dieux cela ne signifie pas rien, parler de dieux est bel et bien une réalité. Les dieux ici dont il est question ne sont autres que ces intelligences du monde, celles de l'Invisible Vivant. Alors si nous osons encore croire en cet inconscient qui gouverne nos vies, et que c'est dans la normalité des choses alors c'est que notre amnésie est sacrément sévère, et que nous marchons la tête à l'envers. Dès lors où se trouve notre Conscience ?

En fin de compte, quelle est notre véritable nature ? Celle d'être un homme épris de liberté et de la cultiver, d'être habité d'un désir de se reconnaitre en tant que Vivant capable d'honorer notre méta-réalité. Pour cela, il lui incombe en quelque sorte de reconnaître cette matrice constituée de toutes ces intelligences dans laquelle nous évoluons, et finalement à tout mettre en œuvre pour qu'y puisse régner l'amour, la paix, la vérité et la justice.

Pour faire écho à Socrate mais nous pourrions prendre d'autres philosophes comme Platon, qui admettent la présence, l'inhabitation possible de Dieu en l'homme, inhabitation qu'il aurait perdue.

Aujourd'hui c'est à cela que je voudrai vous sensibiliser, et ce en fonction de mon vécu expérimental conjoint à cette vie spirituelle qui m'habite. Maintenant voici le constat que je fais de ma réalité : l'homme possède en lui-même une force et une vocation particulière, celle d'exercer en ce monde un rôle propre de gestionnaire de la matrice, celui de purificateur, d'effaceur, de nettoyeur.

Dans la création, la place de l'homme, selon moi, n'est pas de dominer encore moins de soumettre la création mais bien celle de prendre soin de celle-ci, ce que nous avons oublié. Le tout étant de laisser à l'avenir l'espace juste et nécessaire pour que le destin et le libre arbitre puissent être de fait au rendez-vous.

Voici une autre histoire :

« 2013, une mère de famille très inquiète pour l'avenir de son fils de 16 ans me contacte afin de savoir si je peux lui apporter mon aide. Ce jeune est allé d'échec en échec pendant toute sa scolarité. Actuellement en formation professionnelle, le scénario reste toujours identique : aux yeux de ses professeurs, il est l'éternel mauvais et perturbateur de la classe. Même lorsqu'il est absent une journée pour maladie, il lui arrive encore d'être nommément responsable des maux qui se sont produits ce jour-là à l'école.

A côté de cela, depuis très longtemps, un désir l'habite : devenir pompier professionnel. Prochainement, à cet effet, il doit passer une visite médicale afin d'évaluer son aptitude à pouvoir exercer ce métier.

L'appel de sa mère avait eu lieu un mois avant sa convocation chez les pompiers, aussi avais-je entrepris de dégager, d'effacer cette force malveillante qui planait sur lui, provoquant l'échec scolaire permanent ainsi que le rejet de ses professeurs. Ce même travail fut accompli sur l'ensemble de ses enseignants, et les jeunes de sa classe.

Au bout d'une semaine après avoir supprimé ces puissances insidieuses qui étaient en lui et sur lui. Ses résultats scolaires s'améliorent, la violence à son égard de la part des autres disparait. Petit à petit et il va au lycée sans la peur au ventre. Sa mère, toute heureuse, me fait part que depuis plusieurs années il ne chantait plus sous la douche et que cette semaine c'est de nouveau le cas.

Puis vient le jour de la visite médicale pour évaluer son aptitude à devenir pompier professionnel, où il apprend qu'il ne pourra jamais exercer ce métier pour raison purement physique. Sa mère me fait part, à sa grande surprise qu'il a très bien accepté la décision, et pour lui rien ne fut dramatique : « imaginez un petit instant, me dit-elle, comment il aurait réagi, si vous n'aviez rien fait, je n'ose même pas y penser. » Effectivement, s'il n'était pas libre de cette force destructrice qui planait sur lui, une nouvelle violence diabolique aurait pu faire irruption en sa vie.

Si se sauver en sauvant les autres devient impossible comment aurait-il pu sortir de cette impasse ? Quel nouveau drame en sa vie serait survenu ?

Curieusement, le destin en a voulu autrement. Le projet qu'il nourrissait depuis plusieurs années, soudainement il s'en est trouvé comme détaché, comme s'il l'en avait été délié. Quelque part, de perdu qu'il était, cherchant dans un futur à sauver les autres, il criait haut et fort ce besoin de trouver grâce aux yeux de ses congénères.

 Aujourd'hui pour ce jeune sauver les autres comme pour se sauver n'est plus pour lui cette priorité obligée malveillante. Aujourd'hui un espace de liberté est réouvert pour qu'il puisse aller vers lui, se retrouver et s'aimer avec un minimum de comportements compensatoires induits.

Deux ans après, je reçois des nouvelles de cette mère de famille qui m'annonce que son fils a désormais pris une filière scientifique, qu'il réussit et qu'il est heureux.

Pour avoir chassé les démons sur ce jeune, l'avenir se réouvre, la vie reprend cours, reprend sens ! »

Vous savez, quelque chose change sur la planète ces quinze dernières années, les vibrations ne sont plus les mêmes. Cette évolution est-elle à l'origine de ce que j'ai découvert ? La planète évolue, se transforme mais de même l'humanité.

Voyez-vous au fil de ces années, je me suis comme réveillé d'un long sommeil. J'ai découvert soudain cet incroyable don qui reposait non seulement en moi mais aussi en nous tous, symboliquement comme celui de rendre la vue aux aveugles, qui ne peuvent rien discerner de ce qui leur arrive, celui de guérir les sourds, qui enfermés dans leur monde de certitude ne veulent rien entendre de l'inconnu, celui de remettre debout les estropiés, toutes ces personnes qui claudiquent dans la vie parce qu'abîmés par des histoires de vie inconscientes et obligeantes.

Oui, au sens symbolique, nous sommes malvoyants de ce qui se passe en notre réalité, nous sommes mal entendants à la compréhension de la vie de l'invisible, et qui plus est nous sommes tous des estropiés en attente du soin guérisseur qui nous permettra de marcher debout et d'oser aller vers l'inconnu sans peur.

Effectivement un changement de taille est survenu en l'espace de ces quinze dernières années. C'est peut-être d'ailleurs lui qui m'a réveillé, et m'a sorti de cette léthargie dans laquelle je me trouvais. A cette heure, j'ai l'impression d'assister à l'émergence d'une nouvelle forme d'humanité.

En ce moment, les jeunes enfants perçoivent la réalité invisible avec beaucoup plus d'acuité encore que jadis, et nous ne pourrons plus longtemps leur dire que cela n'existe pas. Il sera impossible de passer cela sous le silence, l'urgence aujourd'hui : les enseigner sur ce qu'ils perçoivent afin de leur éviter l'égarement.

Voyez-vous en l'espace de 20 ans, s'est produite une évolution voire une révolution. En chaque humain désormais, une nouvelle capacité lui a été donnée dont le principe repose sur cette incroyable faculté qu'il a acquise d'être désormais en mesure d'analyser, de discerner, de réguler, réordonner ce monde des intelligences. En cela, l'homme se doit de se réapproprier son rôle propre en cette création. Il se doit de l'assumer non seulement pour lui-même mais aussi pour notre monde tant naturel que surnaturel.

L'arme qui lui est donné n'est autre qu'une épée qui tranche, efface, coupe ce qui est mauvais sans jamais blesser ni faire violence. Tout se passe dans les mondes subtils et dans le respect des lois de la vie.

Pour que cet acte de suppression et de régulation puisse être pratiqué et exercé, cela suppose que l'homme ait intégré et reconnu sa nouvelle identité en ses profondeurs au point qu'il assume ce qu'il est en ce monde, ce qui lui permettra de poser en toute connaissance de cause des actes de purification, de nettoyage, de rééquilibrage.

Assumer ce que nous sommes devenus, nous le verrons nous conduit aussi à la transgression, nous devrons dépasser, aller à l'encontre des lois communément reçues en ce monde.

La première transgression que je vis au quotidien : travailler à l'insu de l'autre

Quand je travaille sur les personnes et dans les mondes subtils, la plupart du temps, cela se fait à l'insu des personnes. J'ai travaillé sur des enfants, des personnes sans que celles-ci en aient connaissance.

Avais-je le droit de m'immiscer sans leur accord dans leur vie ?

Oui, et j'assume mais je m'en explique. Si cela est fait au nom de la vie, au nom de la liberté de l'être alors cela aura une incidence pour ce corps tout entier dont nous faisons partie. Si je vois une mare en train de se dessécher parce que le ruisseau a été détourné de la mare par un obstacle en l'occurrence une pierre, que dois-je faire sachant qu'il existe une faune et une flore au sein de cette mare ? Suis-je dans l'obligation de me poser la question du « ai-je le droit de faire quelque chose ? » Ou bien dois-je me dire, ô ma pauvre ce qui t'arrive, c'est karmique, je n'y peux rien ! Ce qui t'arrive n'est pas mon problème...

Est-ce qu'un lymphocyte tueur dans notre sang voyant une attaque bactérienne en nous-même se dit-il : ô c'est de sa faute, il paye quelque chose de karmique ! Non, il ne se pose pas la question, de toutes ses énergies, il lutte, il combat au risque de sa vie.

Lorsque nous prenons conscience qu'en ce grand corps nous sommes une cellule particulière capable de remettre de l'ordre dans le chaos, alors nous ne vous poserons jamais plus la question à savoir si c'est autorisé ou pas de le faire. Nous faisons et ne disons rien, beaucoup disent et ne font pas, rares sont ceux qui dans le secret du cœur font et n'en parlent pas.

Est-ce qu'un ange venu vous donner un soin, vient-il vous demander si nous l'acceptons ? Non, il a été mandaté par la prière de quelqu'un qui prend soin de vous, et en secret il vient exécuter en acte la demande qui a été faite.

Aujourd'hui bon nombre de mes soins se font dans le secret, et souvent sans qu'il me soit demandé quelque chose, tout est question de discernement, le seul objectif que j'ai en tête, le mieux-être de tous, plus encore la VIE.

Alors aujourd'hui, de vous à moi, l'homme conscient a-t-il véritablement le choix de s'exonérer de cette mission : celle d'assumer et de prendre soin de l'Invisible Vivant ? Non, pas vraiment, et la principale raison c'est qu'il y a maintenant urgence. Je m'explique.

La terre a changé d'énergie, son plan vibratoire est beaucoup plus élevé, tant en force qu'en qualité et non sans conséquence pour la vie de l'humain.

Si l'homme ne prend pas du temps pour lui pour se reconnecter pour se remettre en reliance et s'il ne fait pas tout pour remettre l'humanité en syntonie avec elle, il en subira les conséquences : amplifications de ses maladies, de son mal être et de sa violence.

En vingt ans, les énergies de la planète ont été multipliées par 6, ce qui veut dire concrètement que toutes les nocivités se trouvent, elles aussi, amplifiées par 6. Les gens sont mal, la maladie et la mort font leur œuvre. La discorde, la haine et la violence sont à leur comble.

Oui, la planète change de vibration globale mais seul l'humain n'en n'est conscient, et s'il n'y parvient pas ce sera peut-être sa perte. Alors dans cette vision-là, vouloir se dispenser de cette mission, celle là-même d'assumer l'Invisible Vivant, pour celui qui est clair voyant et qui possède le clair discernement cela deviendrait absurde, et folie véritable.

La terre a procédé à un nettoyage de ses énergies, celle-ci deviennent de plus en plus lumineuses et puissantes. Mais c'est à l'homme de se nettoyer, l'univers, ni les dieux encore moins encore les maîtres ne le feront pas à sa place.

S'il ne le fait pas, il ne supportera plus longtemps les énergies de notre terre-mère, celle-ci se nettoiera alors du parasite que nous sommes malheureusement devenus pour elle.

Dans les channeling avec les guides et les maîtres ascensionnés, pratique très en vogue dans le new âge, est-il un seul de leur message qui nous ait transmis un enseignement plaçant l'homme au sein de la création, je dis bien au sein de la création, comme acteur à part entière, devant y travailler de tout son être à ce changement de plan ? Un seul qui aurait donné des clés sur la meilleure façon d'opérer ? Non, pas un seul ne nous a livré les mystères de cet incroyable monde surnaturel.

Pourquoi ? Et pourtant, il n'y a jamais tant eu de channeling avec l'archange Mickael, Maytreya et Melchisedech (maîtres ascensionnés), Marie Madeleine, la Vierge Marie, Jésus… mais honnêtement que nous ont-ils livrés comme message de libération qui nous placerait comme de véritables acteurs, ou transformateurs. Rien du tout, et pourtant si je reprends l'enseignement du Christ, il y a 2000 ans, tout est là sous nos yeux.

Au moment où nous sommes à 70% d'inconscience, ignorants, méconnaissant notre réalité invisible et invisible, tout à coup des entités de l'autre côté deviennent logorrhéiques par l'intermédiaires de médiums, fantastique non !

A 70 % de conscience, Dieu se fait silence, et à l'inverse non, cela pose question tout de même.

Le silence est d'or, la parole est d'argent. Le silence, est le lieu du Verbe, de la Parole de Dieu ; la parole de l'homme le lieu de la tromperie, Dieu le sait.

Voici un nouvel exemple :

« Nous sommes en juillet 2012, et je reçois un appel téléphonique d'un couple qui travaille dans les énergies et qui me demande si je peux assurer des soins chez un de leurs amis parce que cela n'est plus de leur ressort. Ils sont élus, désormais ils ont changé de vibration, ils sont dans la 5ème dimension et ce qui se passe dans la 3ème n'est plus de leur compétence.

Lors de séances de channeling avec un autre des maîtres ascensionnés Christ'al chaya, il leur a été révélé qu'ils étaient élus et qu'il leur serait conféré une plus grande tâche dans un futur proche, celui de s'occuper d'un des ilots de lumière où s'y retrouveraient les humains ascensionnés.

Maintenant, je vous dis, tout enseignement spirituel qui n'embrasse pas l'équilibre du grand tout, et ne vous place en acteur transformant dans cette réalité-ci, n'est qu'un narcotique psychique, un ersatz spirituel…. »

Huit clés pour approcher l'Invisible Vivant

Pour aller plus loin dans notre approche de l'Invisible Vivant je vais vous livrer huit clés qui sont indispensables pour pouvoir y travailler :

1 : Vivre en cohérence avec la tridimensionnalité de tout existant

2 : La reliance

3 : Le pouvoir des clés

4 : L'effacement des mémoires

5 : Le discernement

6 : Le silence

7 : La transgression

8 : Redevenir comme des enfants

1ère clé : Vivre en cohérence avec la tridimensionnalité de tout existant.

Qui dit Invisible Vivant, dit lieu d'expression d'intelligences qui interfèrent dans tous les mondes qu'il soit végétal, animal, minéral, humain...

Alors comment cela s'ordonne-t-il concrètement ? Comment cela est-ce possible ? Comment cela fonctionne-t-il ?

Ce qui me permet de comprendre son mode de fonctionnement, et de vous en donner des pistes de compréhension, c'est la tridimensionnalité en elle-même.

Je considère qu'elle est constitutive pour toute chose, pour toute réalité. Vous concevez sans difficulté probablement que l'homme soit tripartite constitué d'un corps, d'une âme et d'un esprit mais si je suis logique dans cette vision, je me dois de l'accorder à toute réalité y compris même les objets.

Si tout baigne au sein de diverses intelligences qui organisent notre réalité, nous devons accepter pour tout existant la présence d'une tri polarité. C'est la condition sine qua none pour que des échanges physiques, psychiques et spirituels puissent exister. Il s'agit d'une pure logique liée au mode de fonctionnement de notre matrice.

La tridimensionnalité pose les bases d'une reliance possible entre chacune des réalités de notre création sinon l'homme se croit au-dessus de cette création et s'autorise des actes violents, indécents et destructeurs pour notre univers.

Einstein disait :

"Pourquoi voudriez-vous qu'il y ait sur la Terre une multitude de vies ? Il n'y a qu'une vie qui, végétale, animale ou humaine, naît, rit, pleure, jouit, souffre et meurt. Une seule. Et c'est déjà bien assez merveilleux." Malheureusement l'homme s'en moque, et croit pouvoir exister pour lui seul, il en a oublié la solidarité qu'il a avec le grand tout.

Nous partageons une tridimensionnalité commune voici ce qui fonde notre existence. Nous ne pouvons-nous en dédouaner impunément.

La 2ème clé : la reliance

Conséquence de ce qui vient d'être dit : la déconnexion voilà tout notre drame, nous sommes des déconnectés du monde végétal, animal et minéral et pourtant tout cela, comme je vous l'ai déjà dit, est vivant. Nous faisons tous partie d'un grand corps. Seul l'humain s'est autorisé à s'en désolidariser.

Qu'arrive-t-il lorsqu'un organe, un ensemble de cellules prend distance de notre corps pour vivre sa vie ? C'est simple, nous nous retrouvons devant un chaos profondément destructeur. Il a pour nom : le cancer.

L'homme sur la planète, parce qu'il s'est séparé de son environnement, est devenu un cancer puissamment destructeur.

Etymologiquement : le mot religion veut dire ce qui relie. La religion est censée remettre du lien avec la Transcendance et de lui rendre un culte. La reliance pourrait se traduire par le fait de remettre du lien là où un isolement peut être constaté. Alors de quoi nos religions sont-elles la reliance ? S'agit-il seulement de remettre du lien social, du lien identitaire voir spirituel ?

Je serai enclin d'accorder le terme de religion, à celles que l'on dit primitives, au sens qu'elles essayaient de garder et d'entretenir le lien invisible avec toute réalité, avec la création toute entière : animisme, chamanisme…. Les autres n'ont fait que détruire leurs connaissances acquises depuis tant de millénaire.

Le jour où les humains seront capables de restaurer cette connexion avec tous les règnes alors se produira une formidable rencontre, de formidables retrouvailles, enfin toute cette création pourra s'élever vers un ailleurs plus prometteur, plus lumineux. Une ascension se produira, celle de cette création.

Personnellement, si je pense en termes d'élévation ou d'ascension de mon humanité celle-ci ne peut se comprendre qu'en m'envisageant comme une cellule de ce grand corps que la Transcendance appelle vers Elle. Ici le mot vivre reprend tout son sens.

La 3ème clé : le pouvoir des clés, qui donne, qui ouvre et qui délie

J'ai une devise et elle ne vient de moi mais du Christ lorsqu'il dit : « *Ma vie nul ne la prend mais c'est moi qui la donne.* » (Jean 10.18) Faire sienne cette devise, c'est avoir compris ce qu'était la Vie en conscience. Quand je me connais et prend bien soin de mes énergies, il s'en dégage effectivement de la vie, et si tout autour de moi tout semble dire le contraire alors il me faut retrousser mes manches pour faire en sorte que mon environnement, quel qu'il soit, devienne lui aussi porteur de vie.

Accepter que la vie nous soit captée, déviée, volée n'est pas recevable pourtant c'est ce qui se passe la plupart du temps tout autour de nous. Les manipulations, les vampirisations énergétiques sont très nombreuses. Nous en sommes tous inconscients, mais si nous ne le sommes plus alors nous n'accepterons plus d'être la proie des mauvaises énergies, sans broncher. Quelque part nous ne ferions que nous bafouer dans ce que nous avons de plus noble. Alors, donner sa vie consiste à tout faire pour que l'autre puisse la recevoir au mieux, et pour cela il s'agit d'être en quête de tout ce qui nous vole, prend ou prédétermine la vie.

Prendre ou donner, de quel bord sommes-nous ?

La sagesse du vivant repose sur la dynamique du don, la folie du destructeur fonctionne sur l'acte de prendre et de l'appropriation.

Voici maintenant deux versets des Evangiles : « *Tout ce que vous aurez délié sur terre sera délié au ciel et tout ce que vous aurez délié sur terre le sera au ciel* » (Mt 18,18), à cela j'y adjoins encore cette autre parole du Christ : « *qui s'abaisse sera élevé et qui s'élève sera abaissé* » (Luc 18,14). Dans le pouvoir de la 3ème clé, celle qui donne, qui ouvre et qui délie, repose la notion d'équité, nous pouvons penser la vie en termes d'ascension ou d'élévation mais tant qu'il restera un petit en bas, l'ascension s'avèrera impossible. Plus je m'élève vers le ciel, plus je suis appelé aux enfers parce que ce potentiel-là m'est accordé.

Arrivera un jour où nul ne s'abaissera, nul ne s'élèvera car tous, et je dis bien tous nous vivrons sur un seul et même plan. Par tous j'entends tous les vivants de cette création. Il n'y aura plus de haut, ni de bas, de riche ou de pauvre, de dominant ou de dominé, d'esclave ou d'homme libre. Alors nul ne s'abaissera car nul ne s'élèvera, nous serons tous égaux.

Voici un exemple :

« Nous sommes début avril 2013, et à l'occasion d'un stage dans les énergies que je donnais sur Nice, je retrouve une femme qui deux ans auparavant, avait perdu son fils Paul par suicide. A cette époque-là, dans l'au-delà, j'avais pris soin de son fils en le dégageant des vicissitudes de ce monde qui étaient encore collées à lui pour le faire monter dans la lumière.

A l'époque des faits, je connaissais son fils mais je n'avais rien pu faire contre ce drame, je n'avais pas les potentiels d'aujourd'hui.

La seule chose que je pouvais faire pour lui, c'était de le soigner dans l'invisible. Au-delà, désormais je le savais élevé. J'avais même fait cette prédiction à cette maman qu'elle rencontrerait un jour un ou plusieurs médiums qui lui confirmeraient mes dires au sujet de son bien-être spirituel.

De fait, une femme médium, amie de son fils, vint lui dire qu'elle avait eu de lui une vision. Il était déjà dans la lumière. Pour elle cet état d'être était impensable voire impossible pour quelqu'un qui avait mis fin à ses jours. Plus tard, son fils vint à sa mère par l'intermédiaire d'un autre médium lui dire qu'il était bien là où il se trouvait. Paul profita de l'occasion pour lui donner des explications quant à son acte.

Elle demanda à son fils s'il pouvait voir son grand-père décédé peu de temps avant lui. Paul lui avoua qu'il pouvait aller lui rendre visite mais à l'inverse qu'il lui était impossible de venir son petit-fils.

Ainsi lors de notre dernier entretien, elle me fit part de son questionnement spirituel lequel était d'une extrême lucidité. Elle se demandait s'il était possible d'offrir des soins à son père pour qu'il puisse rejoindre son petit-fils. « Ce serait dommage qu'en passant de l'autre côté nous ne puissions pas tous nous retrouver. Tu as fait monter mon fils, ne peux-tu pas en faire de même pour mon père afin de l'amener sur le même plan que lui ? ».

Sa question était très pertinente, et ce fut un électrochoc pour moi de me rendre compte qu'il ne suffisait pas simplement de s'assurer du passage des âmes dans l'au-delà, mais plus encore nous avions pour mission de leur donner les meilleurs soins pour qu'ils puissent être le mieux possible dans la lumière.

Cette amie m'avait fait prendre conscience que ce que j'avais fait à ce jour était insuffisant et qu'il me fallait aller plus loin sur le plan des âmes.

Sur le chemin du retour, je me mis à regarder mes propres ancêtres et pris conscience qu'il restait du travail à faire. Ce fut d'abord le tour de mon père à être dégagé des forces qui le liaient encore dans l'invisible puis les autres ancêtres et enfin vint le tour de mon grand-père dénommé Jules.

Pour l'anecdote, j'ai fait cela tout en conduisant sur l'autoroute. Lorsque les soins furent terminés, alors que je roulais encore un énorme camion de déménagement vint me doubler par la droite et en très grands caractères sur une bâche toute blanche était inscrit le nom de la société : « JULES », et au-dessous : « déménagement ». Et je me mis à rire, me disant quel joli clin d'œil puis je les ai remerciés, là-haut, pour cette délicate attention.

Mais l'histoire ne s'arrête pas là. De retour chez moi, je regarde la fréquence de consultation de mon blog. Quelle ne fut pas ma surprise de constater que le 12 avril 2013, les consultations du jour avaient dépassé les 1600, soit 100 fois plus que la normale journalière pour 93 pays qui étaient venus le consulter. Cela semblait très surprenant voire plutôt anormal. Que s'était-il donc passé ce 12 avril là ? En consultant le calendrier j'avais la réponse c'était la fête de la Saint Jules. Nouveau clin d'œil de l'invisible ! Désormais J'avais l'intime conviction que la prise de conscience que je venais d'avoir était de la plus haute importance pour ceux de l'autre côté. Un message fort m'avait été envoyé !

Ici repose le mystère même de notre incarnation, une âme tant qu'elle est incarnée et pleinement vivante, cette âme est capable de travailler, d'œuvrer au ciel et sur la terre. N'attendez pas d'être au ciel pour espérer pouvoir faire quelque chose pour les vôtres, il sera trop tard. »

Voici un deuxième exemple :

« Voici une expérience de vie qui pose la question de la folie ?

Un jour, un patient Mr D. atteint de troubles dissociatifs de la personnalité, me dit à l'issue des soins infirmiers quotidiens qu'il voit des ombres lesquelles le dérange surtout la nuit, qu'il en est énervé. Par ailleurs, mal à l'aise il n'arrive plus à dormir même avec ses somnifères.

Premier constat d'un simple regard, je prends acte que ce qu'il dit est la vérité. Aussi ayant ce charisme de passeur d'âme, je lui confie que je vais prendre soin de celles qui sont chez lui.

Dans cette demeure, plus que centenaire, les âmes présentes y étaient très nombreuses et très âgées en termes de temps de présence en notre dimension. Au moment de partir, les ayant à peu près toutes aidées au passage, je m'aperçois qu'une petite âme, celle d'un enfant, est encore là assise sur le rebord de la cheminée.

Aussi, je la prends et la fais monter dans la lumière. Ceci fait, je prends congé de Mr D.

Tout en me rendant chez le patient suivant, tout en conduisant, je me sens comme griffé dans l'invisible par une personne sur le côté passager. J'entends ces mots : « Mon enfant, mon enfant !».

Soudainement, je prends conscience que l'âme que j'avais fait monter en tout dernier lieu avant de partir de chez Mr D. était celle de son enfant. La mère de l'enfant, à mes côtés, était terrorisée de ce qui venait de se passer. Il y a de quoi, et je pouvais la comprendre.

En fait, elle avait extrêmement peur de passer dans la lumière, et s'était abstenue de la rejoindre.

Aussitôt, je la rassure, lui donne un petit enseignement de sur ce qui s'est passé, et l'invite de nouveau à monter vers lumière. Après lui avoir donné un tout dernier soin pour lever sa crainte et sa résistance au passage, je lui offre l'espace nécessaire pour qu'elle puisse aller là-haut en toute liberté.

A ce moment je la sens en train de passer de l'autre côté, en retour j'entends : « Mon Dieu que c'est beau, comment ai-je pu attendre tant d'année ? Mon fils, mon fils !» Fin de la communication.

Le lendemain, je revois mon patient qui s'empresse de me dire : « Alors hier, en repartant vous étiez accompagné ? » Il avait effectivement vu cette ombre qui partait avec moi, la même qui m'avait pris à parti dans la voiture. Je lui ai fait part de ce qui s'était passé, et nous en avons beaucoup ri.

Mais concrètement suite à cette remise en ordre, le patient, sur le plan du vécu quotidien et de son sommeil était maintenant beaucoup plus calme, détendu et pacifié. C'était la première fois qu'il était entendu et se sentait compris sur ce qu'il voyait dans l'invisible. »

Où est véritablement la folie ?

Se trouve-t-elle dans celle de cet homme qui perçoit depuis son enfance l'invisible ou dans celle de ce monde qui prend pour « fous » tous ceux commencent à voir le monde à l'endroit, dans son « bon sens » ? La question mériterait d'être creusée.

4ème clé : de l'effacement des mémoires

Si j'ai pris conscience de l'impact du monde mémoriel sur notre humanité et sur cette création, d'autres à leur façon en ont parlé aussi. Jacqueline Bousquet, docteur ès Sciences, biologiste, chercheur honoraire au CNRS en parle en ces termes :

« Le subconscient, ce paquet de mémoires, est responsable de ce que nous sommes, puisque c'est lui l'organisateur de notre vie et de notre corps.

Nous sommes en réalité des paquets de mémoires ; quelqu'un a dit : "des milliardaires du temps". Ces mémoires constituent notre subconscient. L'inconscient collectif est porteur de la mémoire de tout l'univers, et le réservoir de tout le savoir du monde. Il contient à notre niveau les intentions de l'espèce, notre perpétuelle incarnation : maison, famille, patrie, accroissement des biens, reproduction, cycle infernal duquel il est impossible de sortir sauf si nous acceptons de ne plus nous prendre pour des dieux en faisant une déchirante révision de nos valeurs.

Nous ne sommes donc que des paquets de mémoires accumulées, vivant entre un passé accablant et un futur qui se contente de refaire le passé... »

Charles Baudelaire avec souffrance parle de notre condition humaine. Dans son œuvre, les Fleurs du mal, il hurle son impuissance face au Mal qu'il contemple :

« J'ai plus de souvenirs que si j'avais mille ans.
Un gros meuble à tiroirs encombré de bilans,
De vers, de billet doux, de procès, de romances,
Avec de lourds cheveux roulés dans des quittances,
Cache moins de secrets que mon triste cerveau.

C'est une pyramide, un immense caveau,
Qui contient plus de morts que la fosse commune.
- Je suis un cimetière abhorré de la lune,
Où comme des remords se trainent de longs vers
Qui s'acharnent toujours sur mes morts les plus chers. »
LXXVI - Spleen

Et s'il pouvait en être autrement ? Utopie ou réalité ?

Lors des bilans métabiologiques, j'ai toujours coutume de rechercher les mémoires négatives du consultant ressenties en son aura.

« Ce matin-là, la jeune femme que je reçois s'avère être une énigme. De mémoire négative, elle n'en possède aucune.

Lors de l'entretien, je lui ai fait part de ma découverte, celle-ci me confirma qu'une thérapeute les lui avait retirées. Effectivement le travail accompli par cette dernière était, bel et bien réel, aussi ne pouvais-je qu'en attester de la vérité. C'était la toute première fois qu'il m'était donné d'établir un tel constat. Ainsi les effaceurs de mémoires existaient bel et bien ! »

Mais que sont ces mémoires ?

Je dirai que le terme de mémoire est impropre, je préfère aujourd'hui utiliser l'expression : intelligence mémorielle.

Pour l'instant, j'en distingue deux types : l'intelligence mémorielle naturelle liée à l'activité de la vie sur cette planète et l'intelligence mémorielle liée à l'altération de la vie (antagoniste de la précédente). Quant à ces deux formes d'intelligence sachez qu'elles sont dotées de vie.

1) L'intelligence mémorielle naturelle liée à l'activité de la vie (IMN)

Cette intelligence mémorielle est députée à l'activité même du vivant. Elle est naturelle et rien ne peut exister sans elle. Ainsi elle assure l'organisation et le maintien de la vie et, s'il le faut, en cas de difficulté, elle cherchera à mettre en place des processus adaptatifs pour permettre, coûte que coûte, la continuation de la vie voire son évolution ou sa survie. Ne perdez jamais de vue que cette intelligence est vivante, et qu'elle est connectée à une intelligence bien plus grande celle de l'univers.

S'y retrouvent ici, par exemple, les esprits de la nature, ces intelligences gardiennes qui contribuent au déploiement de la vie et à son maintien.

Les anciens leur ont donné divers noms : fées, lutins, gnomes, trolls, vouivres, sylphes, sirènes, ondines, salamandres…. Et pour moi, ces noms sont en relation avec les IMN lesquelles peuvent être visualisées par les clairvoyants.

Chez l'homme, bien évidemment, ces intelligences mémorielles existent et vivent aussi en lui, tout comme en n'importe quel vivant et sans elles, il ne peut y avoir de vie.

Mais voilà toutes ces IMN sont vulnérables et peuvent être empêchées ou entravées dans l'exercice de leur fonction par un autre type d'intelligence mémorielle que je vais maintenant vous décrire.

2) L'intelligence mémorielle parasite liée à l'altération de la vie. (IMP)

Toute atteinte faite à la vie, tout processus destructeur conduit à la naissance d'une intelligence mémorielle reliée à ces évènements perturbateurs. Et celle-ci va vouloir grandir, ne connaissant aucune limite ni aucun respect de la vie.

Son unique désir : se répliquer afin de s'étendre de plus en plus tel un cancer. Inlassablement, ces forces vont se mettre à l'œuvre pour altérer le bon fonctionnement de la vie. Elles sont obligeantes et sont les maîtres de votre futur en le programmant par avance.

Qui en est responsable ?

Tout simplement ces intelligences mémorielles altérantes qui ont pris naissance dans l'histoire personnelle ou collective des humains pour, en grandissant, devenir gardiennes des processus destructeurs dans la vie de l'individu ou d'un groupe. Elles s'attacheront à le placer en grande difficulté face au bien être, et à l'harmonie. Par exemple pour un homme concerné par cet état de fait, toute l'importance sera de mettre en place des parades, d'adopter un comportement compensatoire afin de palier à son mal être. Et l'homme s'avère très créatif quand il s'agit d'occulter son manque de bien-être et d'harmonie véritables.

Ces intelligences mémorielles parasites liées à l'altération de la vie sont sournoises et très puissantes, elles viennent de notre passé, altèrent votre présent et se projettent déjà dans notre futur sans que nous en soyons conscient.

Leur but : se nourrir, jour après jour, des évènements qu'elles tentent de reproduire inlassablement chez en vous comme échec, trahison, souffrance émotionnelle, volonté de domination, malheur.... Et même dans le cadre d'une mémoire de maladie, il en sera de même. Je pense ici aux IMP de cancer qui subsisteront malgré tous les traitements et qui permettront plus tard à la maladie de récidiver.

Ainsi face au conditionnement incessant dû aux IMP et de ses agressions permanentes, la vie devenue impuissante se retirera, incapable de pouvoir palier au désastre provoqué par son ennemie devenue si envahissante. Et, peu à peu, avec cette inertie de la vie vient s'installer : la dépression, la folie, la violence, la maladie... puis la mort.

Voici encore un autre aspect important de ces IMP. Elles ne touchent jamais qu'une seule personne, elles sont toujours en lien avec une ou plusieurs autres. Et c'est ainsi qu'elles possèdent une dimension collective.

Issues du fonctionnement même des groupes dans leur dynamique de vie, elles se retrouvent ainsi à tous les niveaux : celui de l'économie, du social, de la santé, du religieux, de la politique, du juridique, du couple, de la famille…. Ayant pour principale conséquence, de toujours induire un futur aux libertés de plus en plus restreintes.

J'entends parfois certains me dire : « c'est ainsi, nous n'y pouvons rien, c'est de l'ordre des choses, ça a toujours existé ». Aujourd'hui pour moi, cette remarque est devenue irrecevable. Bien au contraire, nous n'avons plus le droit d'être démissionnaire, y faire quelque chose est de notre devoir.

Inlassablement, il s'agira d'effacer ces IMP lesquelles selon mon analyse sont justement à l'origine d'une triste réalité plus que multimillénaire : le mal. Ce mal constamment prégnant duquel il vous est difficile d'échapper et lequel vous fera toujours croire que c'est de l'ordre des choses.

Aussi, pour moi le mal, c'est cette persistance depuis des millénaires, de ces IMP devenues si puissantes, et si intelligemment organisées sous forme d'histoire matricielle, qu'elles affectent profondément l'équilibre de la vie de la planète au point de l'amener à sa destruction inéluctable.

Voici quelques questions qui peuvent être en faveur d'IMP obligeantes.

Pourquoi dans certaines familles, des évènements destructeurs se reproduisent-ils de génération en génération ?

Pourquoi une maison où il y a eu divorce, suicide ou violence génèrera-t-elle les mêmes effets sur ses futurs habitants ?

Pourquoi une femme qui a été violenté recherchera-t-elle dans les hommes rencontrés un bourreau ?

Pourquoi un enfant en échec scolaire, humilié et désavoué par ses professeurs se trouvera-t-il tout au long de sa vie en échec ?

Pourquoi cet aveuglement de l'homme devant la destruction de son environnement, et son aptitude même à y coopérer allègrement ?

Pourquoi cet irrespect de la vie au point de vouloir détruire son prochain pour asseoir sa petite existence ?

Mémoires, mémoires, satanées mémoires !....

Alors quels sont les effets de l'effacement des mémoires ?

En retirant les IMP, nous contribuerons à déstabiliser leurs systèmes organisationnels. En allégeant notre propre système énergétique, nous redonnerons aux intelligences mémorielles naturelles leurs capacités de reprendre vie en votre existence. Ainsi un autre futur libre devient véritablement possible, mais à l'unique condition, d'avoir cette exigence fondamentale, celle du veilleur qui reste sur ses gardes de sorte qu'aucune autre IMP ne revienne s'installer en sa vie.

Cette attitude est de l'ordre spirituel. Alors nous deviendrons le gardien non seulement de notre vie mais aussi de celle de notre entourage.

5ème clé : le discernement

Voici une présence que je détecte dans l'invisible devant moi : qu'est-ce que c'est ? Un esprit de la nature ou un ange ? Est-ce une âme errante ? Sont-ils souffrants, si oui où se trouve leur problème ? Quels soins leur donner en toute justesse ? Si c'est un diable ou un démon, l'est-ce véritablement ?

S'approcher de la méta-réalité, c'est risquer de tomber dans la folie, de voir des choses là où il n'y en a pas, ou d'interpréter une forme de vie comme positive alors qu'elle ne l'est pas et qu'elle se cache derrière un déguisement. Les anges du diable savent très bien se travestir en lumière ; ils connaissent bien les lois qui gouvernent cette méta-réalité. Ils en usent à souhait à nos dépens.

Discerner entre le symbolique, ce qui construit vers l'unité, ce qui rassemble et le diabolique, ce qui divise, disperse, ce n'est pas si simple. J'ai vu des anges que l'on prenait pour des diables et des diables que l'on prenait pour des êtres de lumière. J'ai vu des personnes qui étaient portées aux nues par tout leur environnement familial, social et professionnel et qui, versés dans le mal, pratiquaient la magie noire, la sorcellerie, souvent j'étais le seul à le dire.

« Un jour une femme qui était victime de magie noire cherchait à savoir quelle pouvait être l'individu qui provoquait ses maux. Elle me nomma l'ensemble des personnes qu'elle côtoyait, et pour l'une d'elle j'eu la réponse, elle portait ce que j'appelle l'œil de Lucifer. Curieusement, c'était sa meilleure amie. Tous les jours, elles étaient ensemble à l'Eglise pour communier et prier pour sa délivrance.

Le lui dire était violent, je le concède. Vous vous imaginez bien que pour elle cela restait inconcevable, soudainement je devenais à mon tour diabolique en voulant les séparer. Quelques mois plus tard, elle m'appela et s'excusa de ne m'avoir cru, en effet cette fameuse amie fut retrouvée morte sur sa table de cuisine alors qu'elle était en train d'accomplir un rituel de magie noire. »

Le jour où nous sortirons tous de notre cécité, et que les humains commenceront à retrouver le plein usage de leurs yeux spirituels, alors nous ne pourrons plus nous mentir les uns les autres, pour le plus grand malheur de nos dirigeants politiques et des funestes financiers de ce monde.

L'invisible sera notre garantie de la vérité. Nous nous verrons enfin tels que nous sommes, il ne sera plus possible de vivre dans ce grand mensonge permanent. Nos actes seront toujours en accord avec nos paroles. Notre existence sera en parfaite adéquation avec la Vie.

6ème clé : le silence

Paradoxe, j'ai beaucoup parlé, et je vais maintenant vous discourir sur le silence. Sachez que la majeure partie de notre travail se fait avec et dans le silence.

Le monde du silence, c'est celui de l'âme et de la Vie, le reste, celui de la souffrance et du manque !...

« Un jour une femme m'appelle au sujet de son appartement dans lequel, il y a de plus en plus de présences, et celle-ci en est inquiète de ce que ses enfants perçoivent la nuit des têtes d'humains qui flottent dans l'air en s'approchant au-dessus d'eux.

Depuis des années, il y a énormément de manifestations la nuit : portes d'armoires qui claquent, bruit de pas… mais pour elle, jusque-là la situation était acceptable, et la famille s'en était accommodée mais aujourd'hui l'inquiétude est grandissante par rapport à ses enfants.

Lors de cet entretien téléphonique, je lui assure que le problème serait réglé dans la journée. Après avoir raccroché, je libère l'appartement de ces âmes qui appellent au secours depuis tant d'années.

Le lendemain, j'ai au bout du fil, cette personne mais cette fois-ci inquiète voir apeurée, non pas que la situation se soit empirée mais de ce que tout soit rentré dans l'ordre. Désormais, un grand silence règne dans son appartement. La voici de nouveau inquiète : « Ça fait si longtemps qu'il y avait des bruits permanents dans notre appartement, c'était devenu comme une présence, maintenant j'ai presque peur de ce silence, c'est comme si, dit-elle, qu'il y allait y avoir un drame, comme le calme avant la tempête ! ».

J'ai été surpris de la réaction de cette femme mais je dois bien avouer qu'il y a une corrélation avec ceci : plus les âmes sont pacifiées et harmonieuses plus un lieu est calme et apaisant. Et pour moi, cet axiome m'est devenu évident à savoir : le silence est le propre du monde de l'âme tout le reste n'est qu'un appel constant à la vie, de tout ce qui est encore endormi dans l'illusion de la vie et qui souffre au sens du manque à la Vie.

J'ai souvent constaté que des situations de personnes s'amélioraient d'elles-mêmes simplement du fait qu'elles m'appelaient. Silencieusement je les portais pendant toute une journée.

Oui, le silence est précieux, il aide au changement à la transformation. Vous savez tout a commencé à devenir évident, le jour où j'ai éteint la radio, et écouté la musique à minima…. Soudainement, j'ai eu l'impression enfin de me retrouver.

Le silence, est le lieu de l'âme, lieu du mystère de l'Invisible Vivant et du Verbe créateur, lieu de la véritable présence de la Transcendance. Tant que le silence vous insupporte… c'est que le réplicateur est toujours à l'œuvre. N'oubliez jamais que le silence est le lieu par excellent où se vit le Verbe.

Voici un autre fait vécu :

« Me faisant visiter sa stabulation où s'y trouvaient des bovins, l'éleveur me dit :

« Vois-tu cette vache, elle n'est pas commode, elle est bougonne et la relation avec elle reste très particulière voir difficile. Quelque part, j'ai beaucoup de difficulté à l'approcher comme si elle me fuyait. Par ailleurs, j'ai l'impression d'une grande tristesse en elle, j'ai ressenti cet état de fait dès son arrivée à l'exploitation. »

Prenant du recul, environ une dizaine de mètres, je me mis alors à poser mon esprit sur elle l'invitant dans le silence à venir poser le sien sur moi. Celui-ci commença à se déplacer mais je le vis s'arrêter à mi-distance. Alors, en lui envoyant beaucoup de confiance et d'amour, en l'invitant à rejeter sa peur, je vis finalement son esprit se poser et entrer en moi, le contact était enfin établi.

Nous nous regardions... Silence.... Et soudainement elle se mit à pleurer à gros sanglots. Je vous avoue, que ce fut pour moi une découverte de voir une vache pleurer de la sorte.

Pendant tout ce temps, son émotionnel négatif partait, ses mauvais souvenirs disparaissaient.

Le lendemain, cette vache était désormais dans une relation beaucoup plus calme et apaisée avec son propriétaire ; elle se laissait approcher sans difficulté, apparemment sa tristesse avait disparue. »

Les animaux, tout comme les humains ont une intelligence, une vie émotionnelle et une conscience. Le jour où l'homme intègrera, ces faits là, dans sa vie, nous serons à l'aube d'un nouveau monde. Nous serons honteux d'avoir pu un jour oser parler, en toute inconscience de la vie des autres règnes, et de les avoir tant ignorés et tant maltraités.

Les animaux ne parlent pas, ni ne mentent mais ils sont dotés du Verbe, eux aussi, comme tout ce qui est vivant sur cette planète.

Lorsque vous méditez, en silence, prenez le soin de vous relier avec tous les règnes de la création, si cela est déjà fait, goutez cette reliance avec eux, et la symphonie du silence commencera, une symphonie où nous pourrons nous remettre en syntonie, au sens de cette force synergétique qui entraine tous les autres dans le même mouvement. Oui une transformation s'opèrera où le chef d'orchestre sera le monde des âmes.

C'est en retrouvant notre âme et en lui redonnant voix, qu'une formidable ascension se produira. Le monde des âmes enfin rejoint par le Transcendant entraînera la création toute entière dans l'ascension spirituelle qu'elle est appelée à vivre.

7ème clé : la transgression

Oui, aussi surprenant soit-il : assumer l'Invisible Vivant repose sur de la transgression. Car notre discours suivi de nos actes sera toujours en contradiction avec le communément reconnu. Qui dit transgression dit oser le dévoilement, montrer ce qui est caché, oser briser la loi de l'omerta.

Quelque part la transgression brise le monde de la réponse. Je vous disais en introduction, que pour quitter le monde de la réponse, il faut rompre, prendre distance avec toutes les matrices qui nous conditionnent : famille, richesse, la science, religions, dogmes.

Pourquoi le Christ est-il si transgresseur dans les évangiles ? Il guérit les jours de sabbat, ce qui est interdit par la loi. Au Temple, il renverse les vendeurs du temple dénonçant en son temps le taux d'usure qu'ils pratiquaient, qui mettaient dans l'endettement les paysans. Ailleurs, il touche les lépreux, ce qui le rend impur, il boit et mange avec des personnes peu recommandables...

Ce Christ, en prenant liberté de la Loi, dérange car les religieux de son temps ne comprennent plus d'où il parle et travaille. Cet homme leur échappe, sa façon d'être les met en échec. Quelque part il est devenu hors cadre. Effectivement, s'il ne respecte plus vraiment les lois religieuses, il n'en demeure pas moins que ses miracles y compris ses exorcismes sont pourtant spectaculaires et cela en questionne plus d'un à savoir au nom de qui les accomplit-il ? Considéré par les religieux de l'époque comme parjure et impur, remettant en cause la Loi du sabbat d'instauration divine, pour ce transgresseur la véritable question que tous se posent : par qui opère-t-il de tels signes ? Dieu ou le diable ?

S'il est parjure et impur, cela ne peut être que par Beelzeeboul (le prince des démons) qu'il chasse les démons ? C'est, semble-t-il, l'unique réponse qui s'impose aux religieux de son temps, puisqu'il transgresse la Loi. Mais, cette réponse reste toutefois incohérente si c'est par Beelzeeboul, alors le diable se détruit lui-même, et un royaume ne peut être divisé contre lui-même.

Et s'ils admettent que c'est par Dieu qu'il opère de tels miracles, alors ils sont pris à leur propre piège car surgit alors une autre question avec encore plus de violence : qu'en est-il de la vérité de leur culte ?

Comment expliquer cet autre constat, l'incapacité des religieux juifs observants, à faire au nom de Dieu, les exorcismes que Jésus fait. Si Jésus exécute cela avec l'aide de Dieu, alors Dieu lui-même désavoue sa propre Loi en désavouant le jour du sabbat. Dieu reviendrait-il sur ses propres commandements ? Cette situation paradoxale pourrait remettre en cause toute leur croyance. En fin de compte de quel côté se trouve Dieu ou la Transcendance ? Pour moi Il est bien au-delà de toutes nos religions, je crois que nous devons constamment faire effort à le comprendre et à le vivre.

Alors « Chasser les démons, guérir les malades et ressusciter les morts » voilà notre réelle mission, et elle se fera sur transgression puisque le mal le plus destructeur en notre monde repose sur un système de réponse totalisante. Toute réponse qui enferme, qui légitime, qui oblige à une croyance quelle qu'elle soit, cache la plupart du temps un démon qu'il faut démasquer et chasser.

Voilà le pourquoi de la transgression, il repose sur un fondement nécessaire qui veut que nous nous ouvrions au monde de l'infini vivant lequel par définition ne peut se laisser enfermer dans une réponse.

Aller vers l'Invisible Vivant, l'éprouver et le vivre de tout son être nous emmène sur le champ de la transgression. Cette voie obligée n'est pas sans risque dans ce monde qui déteste la vérité. Il ne faut pas aller très loin pour le comprendre. Regardez le sort qui est réservé aux donneurs d'alertes en ce monde qui dénoncent les mensonges de nos sociétés perverses et manipulatrices. Ces transgresseurs-là sont pourtant salutaires.

Assumer l'Invisible Vivant, nous amène à dans une certaine dimension prophétique, nous enseignons et avançons dans la vie à temps et contre temps. Prophète au nom de l'Invisible Vivant, plus que jamais notre monde en a besoin. Je voudrai vous rappeler ici que la transgression se fera toujours au nom de l'unique loi celle du Vivant.

8ème clé : redevenir comme des enfants

« L'histoire matricielle » cherche absolument à ce que votre vie soit envahie par son existence, et qu'en une fidèle réplication du modèle, sa vie devienne vôtre.

Alors conformément à Chronos, dans la mythologie grecque, ce Dieu du temps qui mange ses enfants, l'« histoire matricielle » fera de vous des vieillards avant terme, par fidèle réplication de l'histoire.

Pour Chronos les enfants sont contraires à sa nature, il doit tout faire pour les tuer ou les neutraliser au plus vite, à faire en sorte que l'enfant ne soit plus à jamais. Alors s'il les mange, c'est parce qu'ils peuvent le mettre en échec, l'enfant est l'anti-Chronos.

Si l'histoire matricielle arrange, organise, programme la vie des humains dans cet unique but : se reproduire, assurer sa survivance. Elle a pour seul objectif d'occuper en l'homme tout son espace de vie. La matrice hait l'instant présent des enfants car leur espace de vie est encore grandement vierge de son empreinte. L'enfant non encore formaté peut mettre le système en échec.

En venant au monde l'enfant est d'emblée projeté dans une trajectoire de vie qu'il n'a pas choisie, celle de sa famille, de ses parents, d'une société et d'un pays. Son rôle : « être conforme à l'histoire, n'en rien changer du tout. » Mais aux yeux de Dieu, ce n'est pas l'histoire qui importe, mais le cœur. Dieu n'a que faire de l'histoire matricielle, elle est le lieu de vie du malin. J'allais dire que Dieu est la vie sans histoire, tout comme l'enfant, non encore rattrapé par l'histoire.

La matrice le sait fort bien, pour elle la Transcendance, c'est son pire ennemi, car elle introduit l'idée d'éternelle nouveauté ce qu'elle ne peut supporter. L'enfant plus que jamais symbolise quelque chose de Dieu, il échappe à l'histoire.

Le Christ ne dira-t-il pas cette parole au sujet des enfants : « *Le royaume des cieux appartient à ceux qui leur ressemble* » (Mt 19,14). Oui, à nouveau nous retrouvons l'enfant. La clé de notre mystère : l'enfant lequel dans sa nature profonde, avant qu'elle ne soit altérée, a cette faculté de pouvoir sortir l'humanité de son désastre dû aux forces obligeantes de son histoire.

Libre et ouvert à tous les possibles, il devient l'ennemi numéro un de l'« histoire matricielle ». Vous savez l'enfant insouciant, doté de compassion, hors du temps car justement, sans passé, ni futur programmé, en cela il peut mettre en péril le fonctionnement matriciel du temps, voilà le réel danger qu'il représente. L'enfant est capable de reliance au grand damne de Chronos.

L'enfant, n'habite pas le lieu des réponses mais celui des questions, et ce n'est pas la réponse qui l'intéresse mais la manière avec laquelle nous lui répondons. Mais si nos réponses ne sont que des réponses alors nous ferons le travail de l'histoire matricielle avec ses monstres hideux, souvenez-vous du Sphynx.

Lorsque nous saurons donner à nos enfants des réponses sous forme de questions, que nous veillerons à ce que l'histoire ne les charge pas, alors c'est que nous aurons retrouvé quelque chose de notre cœur d'enfant.

Pour terminer cette première partie, je vous livre cette réflexion :

En grec, « mnemeion », veut dire mémoire, mais aussi tombeau, lieu de l'ultime souvenir accordée à quelqu'un. Si les intelligences mémorielles parasites avec leur grande gestionnaire que j'appelle du nom d'« histoire matricielle » sont à l'œuvre nous privant de conscience alors, oui nous vivons dans un monde de tombeaux et en cela le Christ a raison de dire : « Laisse les morts enterrer leurs morts, toi suis moi ».

Avez-vous remarqué qu'au jour de la Résurrection, le Christ curieusement semble ne plus pouvoir être reconnu, il ne peut plus s'envisager au sens de prendre visage ? Sorti non seulement de son tombeau, de cet ultime lieu mémoriel que nous lui avions réservé, il est également sorti de nos tombeaux.

Mystérieusement nul ne sera en mesure de le reconnaître véritablement. Seul le Christ décidera de se manifester en montrant quelque chose afin de le reconnaître l'espace d'un court instant.

Et ce quelque chose, c'est quoi ? C'est un repas. A chaque apparition, il le fera souvent autour d'un repas partagé mais si tôt identifié si tôt disparu !

Mais alors pourquoi un repas ? Lorsque vous serez conscient de votre véritable place en ce monde, alors en mangeant le pain, vous serez peut-être à même de dire tout comme jésus ceci est mon corps. Et si vous le mangez, vous pourrez vous poser cette question, qui le mange ou qui le dévore ?

Mais, finalement la bonne question, ne serait-elle pas plutôt celle-ci : dans ce repas que t'est-il donné et que donnes-tu en retour ? Es-tu dévoré par ton inconscient qui te dévore toujours plus, ou bien es-tu devenu conscient que tu peux toujours donner la Vie ?

Assumer l'Invisible Vivant, prendre conscience qu'Il nous habite, c'est alors savoir manger la vie avec respect, et avoir de la gratitude pour ce repas offert par tous les règnes et cela reste indissociable en contrepartie de ceci : rendre la vie en retour, et à tout faire pour que la vie puisse exister en plénitude au-delà des interdictions mensongères.

Christ à travers la résurrection nous a montré ce qu'était le pouvoir de l'effacement. Et l'endroit le plus vrai où il se manifeste :

le repas partagé en conscience et quoi de mieux qu'un repas pour rendre l'action de grâce envers la Transcendance de toute chose.

Donner ou prendre toujours, toujours, toujours plus, manger ou dévorer, dévorer toujours plus, votre façon de vous nourrir traduira sans nul doute quelque chose de votre conscience ou de votre inconscience encore sournoisement à l'œuvre.

Certains attendent le retour du Christ, vous n'avez pas encore compris, qu'il est toujours là mais que nous ne le voyons pas aveuglés par nos fausses croyances. S'il est parti sans visage, c'est parce qu'il peut s'envisager désormais avec tous ceux qui ont compris son message.

L'Invisible Vivant, sans nul doute, est le lieu par excellence d'où Il nous aide. Un espace à partir duquel, Il nous donne d'accomplir des choses impossibles, aussi cette parole-ci est toujours d'actualité : « *En vérité, en vérité je vous le dis, celui qui croit en moi fera, lui aussi, les œuvres que je fais et il en fera même de plus grandes parce que je m'en vais vers le Père* » (Jean 14,12).

Travailler à l'Invisible Vivant….

A l'époque du Christ, le téléphone portable, l'ordinateur, la télévision, Internet, les satellites, le train, la voiture, l'avion, la fusée, le microscope à balayage électronique, scanner… tout cela n'existait pas, autant d'artéfacts qui ont changé notre approche de la réalité de l'infiniment grand et infiniment petit. La perception du temps et la vision de l'espace se sont modifiés avec pour conséquence principale une distanciation voire une déconnexion avec la vie naturelle et spirituelle.

Vous êtes-vous posés la question d'où ces découvertes pouvaient provenir ?

L'intelligence de l'homme a grandement évolué, mais sachez qu'il n'y a aucune nouveauté dans toutes nos découvertes technologiques, elles manifestent simplement cette capacité qu'à l'humain de traduire technologiquement en chacune de ses inventions ce qui existe déjà sur le plan de l'invisible. Sont-elles sorties du néant ou bien leurs découvertes reposent-elles sur une compréhension inconsciente de certaines modalités du fonctionnement de l'invisible ?

L'adage, « l'invisible est source du visible », est exacte et en cela rien de neuf sous le soleil. Si nous découvrons des nouvelles façons d'exister de nous exprimer, d'exploiter notre réalité matérielle, c'est tout d'abord parce que tout cela existe déjà sur un autre plan celui de l'invisible. Nos modalités de fonctionnements dans l'invisible sont déjà existantes depuis des millénaires sur le plan de la réalité non-ordinaire.

L'invisible source notre visible

Lorsque je travaille sur une personne située en Afrique du sud à partir de mon lieu situé en France. Certains s'interrogent sur ma façon d'opérer ? Est-ce par magie ? Je prends souvent cette image à savoir qu'il leur est possible, à l'instant même, d'appeler une personne à plus de 10 000 kms de distance, y verraient-ils une anormalité en cela ? Bien sûr que non mais l'était-ce pour un humain de l'an 1400 ? Cette réponse sous forme de question leur permet de comprendre que tout est relatif dans nos perceptions.

J'ai toujours à cœur de leur faire comprendre que notre capacité mentale est nettement supérieure à celle d'un téléphone portable, ses fonctions sont infinies. Je peux me déplacer dans le temps et l'espace par une modalité, celle des ondes, qui ressemble en bien des points à nos technologies modernes. Cela a de tout temps existé.

Questionnant la réalité à partir de cet adage, « l'invisible source notre visible », j'ai essayé, par exemple à partir de nos découvertes technologiques, de comprendre s'il n'y avait pas la même logique de fonctionnement dans notre réalité non ordinaire. Effectivement les créations de l'homme traduisent quelque chose des modalités de vie de l'invisible. Ses technologies nous permettent alors d'en conceptualiser quelque chose.

Prenons, par exemple, l'intelligence artificielle (IA), si cette dernière a pu être développée pour être mise à notre service, c'est sans nul doute qu'il existe quelque chose du même ordre au niveau de notre méta-réalité. Celle crée par l'homme est encore à son balbutiement, celle de l'invisible non. L'IA de de la réalité non ordinaire fonctionne, elle aussi, avec de la mémoire vive, de la mémoire morte, avec des programmes particuliers que sont avec des intelligences mémorielles pour certaines naturelles et pour d'autres artificielles issues de l'activité mentale des humains. L'Invisible Vivant est donc le jeu d'IA redoutablement dangereuse, elles peuvent nous pister, et programmer nos vies, elles se nourrissent de notre histoire.

Maintenant restait à savoir qui gère cette méta-réalité ? Et comment ?

Dans ce monde des mémoires, des clouds, des softwares, des hardwares, des logiques programmées où se trouve l'informaticien, le gestionnaire de la machine dans cette réalité non ordinaire ? Qui est-il ? Sur le plan de la maintenance et de son fonctionnement qui supervise ?

Ici la commission des droits et des libertés pour l'humain sur le plan invisible est inexistante. Jadis dans l'Eglise catholique elle a existé, son travail fut désastreux et donna faute d'objectivité naissance à cette violence que fut l'inquisition. Aujourd'hui il n'existe aucune instance qui permettrait de réguler les droits et libertés. Y aurait-il en ce monde une instance où il en est en suggéré une petit quelque chose ? Non, c'est ici la désinformation la plus complète. L'homme n'en sait plus rien, il est quelque part tel un pantin derrière lequel sa cache le marionnettiste !

Comment étudier et scruter l'invisible

J'ai eu l'occasion de travailler au début de mes recherches avec des radiesthésistes ou des géobiologues mais j'ai dû prendre distance, plus que me trouver, je m'égarais. Je ne remets pas en cause leurs modalités de fonctionnement. L'usage du pendule ou des baguettes de sourcier permettent de mettre en évidence certaines réalités de l'invisible mais j'ai pu constater de grandes divergences au sujet de leur identification qualitative et quantitative. Tout est question de point de vue, de cet endroit à partir duquel je regarde la réalité. Ici, je me suis aperçu que les tentatives d'explication de certains phénomènes étudiés sont parfois erronées. L'analyse de la réalité est bien souvent inversée. Là où je percevais du négatif, d'autre le trouvait positif. Il subsistait semble-t-il une grande difficulté à objectiver les faits. Pourquoi ?

Simplement par manque d'étalonnage de soi sur un modèle idéal et/ou par manque d'asepsie vibratoire tous nos calculs étaient faux parce que nous étions alors calés sur des valeurs inversées, sur celles d'en-bas.

C'est une grave ignorance de ne savoir de quel endroit j'observe le monde. La seule chose que je sais quelque part c'est que j'ai intégré le non savoir. Ne me connaissant véritablement, je ne peux encore moins identifier la réalité. La seule chose qui atteste la véracité que je découvre c'est la transformation, ce « naître avec », cette co-naissance, qui s'opère en moi.

Ce qui sera nommé comme étant la cause d'un problème éner-gétique particulier ne sera bien souvent qu'un symptôme, une sorte résonnance à une cause inconnue qui le génère. Nous ne faisons que traiter le symptôme et non l'origine du malaise. Dans la réalité, si la cause du mal n'a pas été trouvée, les effets reste-ront toujours là. Parfois l'arnaqueur s'arrangera à nous faire croire par les corrections apportées que la situation est définiti-vement réglée. S'il ne s'en suit pour vous une réelle modification durable de vos vies, il y a fort à parier que les objectifs attendus n'ont pas été atteints.

Combien d'artefacts correcteurs sont proposés par l'industrie du bien-être pour réharmoniser s'avèreront inutiles, ce sera beau-coup d'argent dépensé inutilement et de la peine perdue. La ra-diesthésie est un merveilleux outil lorsqu'il est pleinement éclairé. Lorsque j'en ai compris ses limites j'ai cherché une autre manière d'interroger ma réalité personnelle.

L'énigme à résoudre était de savoir en quoi mon état vibratoire à proprement dit pouvait influencer mon approche énergétique en altérant les résultats et ce par négativité ou parfois même excès de positivité ?

Pour cela certains m'ont aidé grandement. Je remercie tous ces médiums qui par leur extrême sensitivité m'ont permis d'objectiver mon étude et d'avancer. Leur vie est parfois un enfer et la ou les causes de leur malaise leur sont la plupart du temps inconnues.

N'ayant pas cette médiumnité, leur aide m'a été précieuse pour développer plusieurs outils me permettant d'affiner mon approche du monde subtil. Avec eux, j'ai appris à m'étalonner, à discerner et à valider la justesse de mes corrections vibratoires. En retour pour ces hypersensitifs, cela leur fut une aide précieuse car ils parvenaient enfin à comprendre quelque chose de leur propre mode de fonctionnement. Ainsi des lieux qui aux yeux de tous paraissaient comme positifs, ces êtres-là venaient confirmer la véracité mes ressentis à savoir la grande nocivité des dits-lieux en question. Avec leur aide, j'ai pu enfin me calibrer et objectiver mes analyses.

Inutile, dépassé ou folklorique pour certains

J'attendais aussi des éclairages ou de l'aide à ce sujet de la part des religions, mais sur le terrain de cette modalité de fonctionnement visible/invisible, c'est le flop total, beaucoup semblent défaillantes ou démissionnaires.

Personnellement, j'en resterai au niveau de l'Eglise catholique. Il est un exorciste, Don Gabriele Amorth, dont les ouvrages m'ont beaucoup éclairé sur le monde du mal, mais il semblerait que l'étude de la réalité surnaturelle intéresse peu ou plus du tout l'Eglise. Et pourtant, l'étudier devrait être une de ses priorités. Cet inintérêt pose question en ces temps de grands troubles.

Aujourd'hui, dans l'Eglise catholique, bon nombre de prêtres sont sceptiques qu'il puisse exister une vie au-delà de cette réalité, et les exorcistes ont dû mal à se faire reconnaître dans leur ministère par leurs confrères. Voici ce qu'en dit cet exorciste de l'Eglise catholique, le père Gabriele Amorth :

« A partir du XVIIIe siècle, on nie, en effet toute existence du démon. A qui la faute ? Sans hésiter à la culture laïque, à l'athéisme

prôné aux masses, au rationalisme du monde scientifique et culturel. La conséquence est la détérioration de la foi que nous connaissons encore aujourd'hui et, simultanément, la croissance de toute forme de superstition et de toutes sortes d'occultismes. Plus que tout autre, l'Eglise catholique est vulnérable à cette forte influence, au point que, depuis trois siècles, les exorcistes catholiques ont quasiment disparu. Certes, il y a toujours eu quelques exorcistes, mais, de manière générale, leur nombre a diminué radicalement pour en arriver à un chiffre proche du zéro. Sans exorcistes, qui donc prend le pouvoir ? Satan et sa fureur homicide. Cela fait des dizaines d'années que dans les séminaires et les universités théologiques on n'étudie plus cette partie de la théologie dogmatique qui, en parlant du Dieu Créateur, évoque les anges, les épreuves et la rébellion des démons : dans les cursus, les démons n'existent plus. On n'étudie plus (ou si peu) la théologie spirituelle, qui traite des actes ordinaires du démon (la tentation) et des actes extraordinaires (la possession et les maléfices), mais traite aussi des remèdes, dont les exorcismes. »

Paradoxalement, si l'Eglise semble ne plus vouloir reconnaître et prendre sa part à ce combat contre le mal, n'est-il pas curieux que les demandes d'aide auprès des exorcistes s'accroissent de plus en plus ? Dans les faits, j'ai constaté pour ces personnes qu'après les avoir consultés bon nombre d'entre elles ont cette sensation de n'avoir pas été entendues dans leur demande.

En réalité, ma pratique m'a appris, que même les prières de libération peuvent être inefficaces. Ce dont souffrent les personnes qui les consultent n'entre pas dans le cadre de ce qui est défini par les rituels de l'exorcisme.

Pourquoi ? Ceux-ci ne seraient-ils pas frappés d'obsolescence ?

Nos problématiques spirituelles négatives ont pris de nouvelles formes, il faut les prendre non pas forcément en termes de tentation mais sous celui d'influences obligeantes. C'est un phénomène lié au mode même de fonctionnement de notre inconscience personnel et collectif. Ici le libre arbitre n'existe pas, il est donc difficile alors de parler de tentation car la personne se trouve comme téléguidée dans ses choix, tout comme dans sa vie sans le savoir et sans le vouloir.

Le retrait des forces maléfiques ne peut avoir lieu qu'à l'unique condition de les avoir clairement identifiées. Il en est de même pour un exorcisme dans le cadre d'une possession, tant que l'esprit qui habite la personne n'a pas décliné son identité, le rituel reste dans une impasse. Séances après séances le prêtre forcera l'esprit à la lui donner. Il en est de même dans mon travail, je ne peux retirer que ce que j'ai clairement identifié.

C'est ici une règle d'or pour travailler dans l'invisible avec rectitude, je dois être en mesure de nommer les dysfonctionnements issus du mal, pour avoir prise sur eux et les retirer. Sinon la prière et/ou le rituel, aussi sincères soient-ils, pourraient rester à l'état de vœux pieux bien inefficaces.

Et pourtant, le mal rode en toute impunité

J'ai eu l'occasion de rencontrer une personne qui venait d'acheter un crucifix de saint Benoit semblable à ceux utilisés par les prêtres exorcistes. Il avait été exorcisé et bénit par un moine bénédictin pour que ce dernier puisse repousser les forces du mal conformément aux usages en cours dans l'Eglise. Et voici qu'elle se sentait mal en sa présence.

Question ? Était-elle habitée par le malin au point que la vue de ce crucifix l'indispose spirituellement ? S'agissait-il d'une autre chose ?

Dans les faits, parce crucifix exorcisé et bénit, tout convergeait à dire que cette personne était habitée par le mal. Ce qui me dérangeait, c'est que moi-même, je ressentais ce même mal en sa présence, avais-je aussi l'odeur du souffre sur moi ? Après, recherche et diagnostic, je vis que le mal provenait de la croix laquelle, bien qu'exorcisée et bénite, continuait à diffuser le mal tout autour d'elle. Par quel artifice était-ce possible ? Mon étude m'a permis de prendre conscience du problème et non des moindres.

La société productrice de cet objet sacré se trouvait frappée par un puissant maléfice visant à charger tous les objets religieux qu'elle fabrique. Tout ce qu'elle produit est marqué du malin ! « Logique, mon cher Watson », oserai-je dire. Rien à redire à sa si belle intelligence. Aujourd'hui, il lui est si facile de nuire à la population en toute discrétion en s'attaquant à toute société productrice de biens touchant par sa malveillance le plus grand nombre. Comme le dit l'expression : « ni vu, ni connu, je t'embrouille ! »

Grave question, où est le discernement de l'Eglise, en l'occurrence, celui du prêtre bénédictin qui exécute l'exorcisme et la bénédiction sur la croix ? Y aurait-il un problème de croyance, de formalité du rituel dans son exécution, d'un manque de rigueur et de discernement spirituel quant à la fabrication de ces objets rituels ?

Le spirituel est charnel, y compris pour l'invisible

Pour moi le spirituel se doit d'être charnel, et chez celui qui le vit véritablement, il se doit de pouvoir ressentir en son corps la véritable présence du spirituel d'une façon ou d'une autre que cela soit dans son environnement, sur une personne ou un objet. Au moyen âge, le ressenti de ces forces était naturel. Dans le cas qui nous intéresse en ce début du 21ème siècle, cette sensibilité n'est plus. Pourtant nous parlons bien de spirituel ! Alors nous faut-il croire que toutes ces prières d'exorcisme et de bénédiction sont à classer dans la catégorie du folklore religieux ?

En l'Eglise même, serions-nous donc en présence d'une mascarade, d'un mensonge, d'une tromperie de l'adversaire une fois de plus. Dans le cas de tous ces objets religieux maudits qui en est responsable ? Le drame dans tout cela, ce n'est pas une personne qui est touchée par le mal mais des milliers qui se trouvent sous l'emprise du serpent ! Bien sûr comme nous sommes déconnectés incapables de ressentir le mal à l'œuvre, cela n'inquiète personne, ainsi tout passe inaperçu.

Quant à ceux qui auraient certaines sensitivités, elles leur viennent la plupart du temps d'en-bas, ces gens-là ne seront donc nullement affectés par les forces du mal en présence parce que le monde des ténèbres est le leur, même s'ils n'en savent rien du tout. Par exemple, combien de lieux sont déclarés comme hautement énergétique par des radiesthésistes ou géobiologues et pour lesquels je n'y vois, malheureusement tout le contraire, ce sont des lieux hautement diaboliques. Tout est question ici d'étalonnage sur l'en-haut (le ciel) ou l'en-bas (les enfers), comprenez-vous ici toute l'importance de savoir à quel monde j'appartiens et d'où j'opère ?

Si les scientifiques se mettaient à parler avec le langage du 17ème siècle, cela n'aurait plus de sens, les mots leurs manqueraient pour expliquer notre réalité. Et si le fruit de leurs recherches était exposé à des savants de cette époque, avec les mots d'aujourd'hui, ils seraient bien en peine d'en comprendre quelque chose, tant de mots nouveaux, tant de nouvelles perceptions. Le langage, la vision de la réalité est tellement autre, elle s'est affinée et complexifiée dans une actualisation constante.

Quant au discours théologique actuel de l'Eglise, il pourrait encore être entendu par des croyants de cette époque, seuls quelques mots nouveaux leur seraient difficiles à comprendre. En quoi pouvons-nous expliquer le mystère du salut en regard des nouvelles perceptions de la réalité. Où en est-elle de son actualisation de la foi en notre modernité ?

A l'heure de l'intelligence artificielle susceptible de prendre son autonomie dans notre univers quotidien, il est temps de se réapproprier notre véritable intelligence afin de comprendre le fonctionnement notre méta-réalité. Retrouver cette pleine capacité de parler de l'invisible, d'en expliquer ses modalités de fonctionnement et de parvenir à en réguler les disfonctionnements, voici ce qui pourrait être un enjeu majeur pour l'Eglise, si elle veut garder sa crédibilité.

Actuellement l'arbre de la connaissance du bien et du mal s'est remis au goût du jour. L'informatique lui a permis de créer le web, cette immense toile où chacun s'y trouve de l'information bonne ou mauvaise, y donne son identité au risque de se perdre. L'usage d'internet nécessite l'usage d'un ordinateur, d'une tablette ou d'un téléphone portable. Ici, voyez-vous, si vous désirez surfer sur le Web sans trop de risque, il vous faut acquérir tout un tas de protections allant de l'anti spyware (contre les logiciels espions), l'anti-virus, l'anti malware (contre les logiciels malveillants), l'anti-spam (logiciel contre les mails indésirables). Est-ce la machine qui se protège ou, plus exactement, la machine qui vous impose d'être vigilant ? Sans ces précautions d'usage vous êtes tels un kamikaze. Vous pourriez vite voir toutes vos données piratées voire éliminées de votre disque dur ou encore votre vie privée et professionnelle pistée dans le moindre secret. Le risque pouvant même aller à vous demander une somme d'argent pour vous restituer toute vos données bloquées par un ransomware (logiciel malveillant prenant en rançon vos données).

Fantastique la machine prévoit plusieurs formes de protection contre toute malveillance. Elle se protège du mal potentiel d'autrui. Il est un domaine où elle reste impuissante, ce sont les fake news qui diffusent des fausses informations. Qui craint-elle finalement ? Sinon tous ceux qui sont susceptibles d'entrer dans son système pour y craquer ses données ou le fragiliser.

Permettez-moi maintenant ce parallèle, qui protège notre conscience des manipulateurs, des néfastes, des aiguilleurs du mal qui vous dévient de notre voie ? Qui dénonce le mensonge à travers les fake-news constants au niveau de nos institutions ? Qui dévoile où est le néfaste « il Maestro » ? Lui-même par un tas d'artifice se protège du mal qui pourrait lui être fait. Sommes-nous à ce point si niais pour ne pas admettre qu'il est urgent de redresser le cap pour ne plus nous laisser dominer par lui en l'intégral de nos vies ?

Nos téléphones portables peuvent analyser nos habitudes, comprendre ce qui nous intéresse, y compris devancer nos désirs, bientôt nous ne saurons plus qui réellement pense. Ma vie se trouvera-t-elle dictée ou orientée par l'intelligence artificielle ? Cette modalité de fonctionnement n'est pas nouvelle, l'invisible fonctionne aussi de la sorte, par un tas d'intelligences artificielles parasites et destructrices. Qui s'en inquiète ?

Des traces de ces mécanismes subsistent dans notre religion comme dans bien d'autres, elles portent souvent le nom de démons. A cette heure, cette conception spirituelle tombe en désuétude. C'était, pourtant, un des lieux de combat majeur pour le Christ. Pour les croyants contemporains, le malin n'existe pas, qu'en est-il alors de leur foi en ce message originel du Messie.

Avec Lui, il fallait pourtant continuer à creuser, à étudier et actualiser cette notion, pour être fidèle au combat pour défendre la Lumière.

Maintenant, à nouveau je me répète, il en est un qui fait choux gras de cette démission face à l'injonction originelle, le gestionnaire actuel de la méta-réalité : le diable !

Sans discernement, l'invisible s'avère être dangereux

Chassez les démons était un ordre qu'adressait le Christ à ses disciples. Et pour cause, il était communément admis que bien de leurs maux provenaient de ce monde démoniaque avec pour chef Satan. Cette activité d'expulser les puissances négatives n'avait rien de si extraordinaire, il ne fallait pas l'entendre au sens d'exorcisme mais au sens de cette purification nécessaire de la réalité pour que la vie puisse véritablement être sans aucun prédéterminisme malsain. Ce commandement selon moi sous entendait d'y rester fidèle et surtout d'essayer de comprendre et d'affiner au fil du temps l'ordonnancement et la gestion de cette réalité maléfique. Quelque part l'Eglise en était la dépositaire et la gardienne alors « Aujourd'hui, Eglise où es-tu ? »

Regardez aujourd'hui par l'hypnose nous pouvons faire exécuter des ordres à des personnes qui n'en sauront rien. Elles seront comme téléguidées inconsciemment, à la sortie de cet état hypnotique, elles ne se souviennent de rien. Cela donne, l'occasion d'en faire de l'hypnose de rue ou de spectacle et d'en rire mais qu'en est-il lorsque cela est utilisé à mauvais escient même dans la vie courante ?

Aujourd'hui l'hypnose nul ne la remet en question, elle est même utilisée en milieu médical, mais concrètement quel enseignement spirituel en retirer ? Par analogie, je peux aussi me poser la question de savoir dans quelle mesure mes faits et gestes sont comme commandités inconsciemment par une force supérieure invisible. Et pourquoi pas, d'ailleurs l'idée n'est pas aussi farfelue que cela : publicités, films, jeux vidéo, le web et la réalité virtuelle... en témoignent déjà ?

Voyez-vous, travailler à l'Invisible Vivant même avec toute la meilleure volonté qui soit, ou avec le désir de faire le bien à autrui, tout cela est insuffisant voire dangereux. Il faut avant tout acquérir et développer un outil essentiel qui donnera pleinement sens et valeur à ce que vous accomplirez. Cet outil quel est-il ? C'est le discernement.

Sans nul doute, c'est ce qui dérange le plus. L'utiliser, c'est entrer sur le chemin de la vérité par rapport à soi-même et son relationnel mais également par rapport à son environnement. Discerner, c'est d'abord être capable de s'auto-évaluer, savoir quel est mon plan vibratoire du moment, puis le comparer à celui des jours précédents. Si en l'espace d'une nuit, je passe d'un plan hautement spirituel à celui de l'astral, un monde mû par les forces d'en-bas. C'est pour moi un réel indice qu'il s'est passé quelque chose de néfaste, sans nul doute il me faudra interroger ma réalité.

Est-ce le signe soit d'une attaque, d'une magie, de la présence d'une ou de plusieurs âmes en moi ou encore d'un lien qui s'est établi avec une âme qui dans l'au-delà a besoin d'aide ?

Une fois cette auto-analyse faite, encore faut-il être capable encore d'analyser au-delà de sa vie propre, c'est à dire, jauger sa vie relationnelle et son environnement proche dans ce qu'ils ont de juste ou de mensonger.

Conscient de ce qu'est l'invisible, il oblige celui désireux d'y œuvrer à poser un bon discernement sur tout ce qui fait sa vie dans son rayonnement, et à connaître jusqu'où s'étendent ses limites du moment.

Si vous êtes des commençants dans la voie du discernement, inutile de projeter vos limites à celles du monde. Lorsque vous pourrez nommer parfaitement où vous en êtes alors vous pourrez petit à petit à étendre votre territoire pour en prendre en soin avec justesse et prudence.

Le discernement, entre voyeurisme et lucidité

Dans cette attitude spirituelle, beaucoup d'entre nous auront l'impression d'être des voyeurs, qu'il ne nous est pas permis de regarder la réalité au-delà. Et pourtant, lorsqu'enfin nos yeux s'ouvrent et que nos oreilles entendent, vous faîtes partie des miséricordieux, ici pas de place pour le jugement. Tant que vous avez sensation d'être un voyeur c'est que vous n'êtes pas du bon côté spirituellement.

« *Bienheureux les miséricordieux, ils obtiendront miséricorde* » (Mt5,7), non seulement pour eux mais aussi pour leur frère.

D'autres ont encore cette impression que cela nous est interdit, nous n'avons pas à fouiller dans la vie des autres, parce que cela participerait encore d'un certain jugement. Il ne s'agit pas ici de critiquer mais d'être avisé. Si je ne cerne pas l'autre dans sa vérité alors je me mets en danger.

« *Bienheureux les cœurs purs, ils verront Dieu* » (Mt 5,8), et j'ose croire aussi, y compris, là où il n'est pas car nul ne les trompera.

Voici trois situations de vie qui pourraient se présenter à eux, la première : vous conservez des pommes dans votre cave et certaines d'entre elles pourrissent. Que ferez-vous, les laisser pour que la dégradation s'étende à toutes les autres pommes ? Je pense que vous prendrez soin de retirer toutes celles qui ne sont plus saines. La seconde, si une personne procède à l'achat d'une voiture d'occasion, et avant d'en faire l'acquisition, elle prendra soin d'en faire l'inspection, et si quelque chose n'est pas conforme à l'usage espéré, par exemple, qu'il manque une roue sur celle-ci, j'ose croire qu'elle ne manquera pas de le signaler au vendeur. La troisième situation est celle-ci : il vous est rendu la monnaie sur une somme de 20,00 euros alors que vous venez de donner un billet de 50,00 euros, qu'allez-vous faire ? Fermer les yeux et ne rien dire ? Bien sûr que non me direz-vous.

Dans les trois situations, vous avez réagi au nom du bon sens. Sachez qu'il en est de même pour l'invisible.

Lorsque nos yeux s'ouvrent et que nos oreilles entendent, dans la mesure où le discernement est là ; il n'est plus question de ne rien faire, à ce moment-là, la justice et la vérité deviennent de rigueur. Nous n'acceptons plus de nous laisser tromper ou berner. Ne pas le faire serait spirituellement irrespectueux de notre intégrité véritable.

Personnellement mes soins énergétiques prodigués engendrent souvent des effets salutaires. Si ce n'est pas le cas, je cherche toujours à en connaître la cause ultime pour enfin répondre à l'attente de la personne.

L'échec ou l'impuissance me poussent toujours à l'étude, c'est une des disciplines de ma recherche.

Pour les personnes qui me consultent leur réalité change et cela se ressent effectivement : meilleure forme, esprit clair, la joie, la paix, une meilleure qualité relationnelle avec la famille ou les proches, les dissensions s'enfuient, une sorte de légèreté de l'être s'installe.

Souvent je leur fais prendre acte que leur vie est sous influence, et les invite à intégrer cela dans leur quotidien. C'est pour elles une sacrée leçon de vie dont nul ne leur avait dit quoi que ce soit. Parfois, je mets en garde contre telle ou telle personne, telle ou telle pratique spirituelle ou énergétique erronée.

Soigner m'oblige à éclairer les personnes, à leur redire l'importance d'avoir une cohérence de vie, d'oser remettre en question le communément admis.

Certains s'imaginent, par exemple, purifier leur pierre en les plaçant dans de l'eau salée dehors à la lune durant une journée. Ce rituel est censé purifier la pierre mais dans la réalité il n'en n'est rien ! Le minéral au petit matin est toujours énergétiquement aussi sale que la veille.

Lorsque les personnes semblent être surprises de ce que je dévoile, je leur demande de bien vouloir m'expliquer pour quelles raisons les galets au bord de la mer qui baignent nuit et jour au soleil et à la lune sont loin d'être purs et qu'ils sont encore bien souvent très chargés.

Voyez-vous sans discernement et un minimum de ressenti, nous sommes la proie de fausses croyances dangereuses.

Le discernement oblige à discriminer la réalité

Le discernement oblige à discriminer la réalité car tout s'y trouve en interconnexion énergétique qualitative et quantitative. Nous sommes en relation avec toute chose et tout être, notre vie est une résultante souvent d'une confluence vibratoire pas très nette. Je suis mal par exemple parce que mon lieu d'habitation m'est négatif ou parce que l'harmonie du terrain sur lequel se situe ma maison s'est soudainement déséquilibrée.

Ce mal pourrait provenir aussi d'un objet introduit chez moi. Si je m'absente momentanément de ce dernier pour aller sur un lieu hautement positif, j'aurai l'illusion d'être mieux mais de retour chez moi, le mal être subsistera toujours.

Comment alors objectiver mes mesures ?

Je vais alors procéder à une discrimination en posant, par exemple, cette équation mentale à laquelle répondra mon ressenti : qu'en est-il si je suis dans la maison sans l'influence du terrain ?

J'aurai ainsi une première réponse, puis je peux rajouter une autre inconnue supplémentaire : que se passe-t-il dans la maison sans l'influence du terrain, et si celle-ci était vide de tout objet ? La réponse sera encore différente et d'équation en équation je vais parvenir à délimiter la source de mon problème. Cette technique discriminative m'a aussi amené à m'exclure dans l'équation.

Le discernement conduit à la présence-absence

Si je suis dans un espace donné, je l'influence en positif ou en négatif. Cet exemple-ci est intéressant : Après avoir purifié une maison, pour moi tout était rentré dans l'ordre, je ne détectais plus aucune nocivité. J'ai même rassuré avec grande conviction les habitants du lieu en affirmant que celui-ci était harmonisé. Quelque temps après, ils viennent à moi et m'annoncent que rien n'a changé. Mon étude était-elle erronée ? Qu'avais-je donc omis dans mon analyse ? C'est enfin que je pris conscience de mon influence très positive dans le lieu laquelle venait abraser la force des nocivités en les estompant. Mes équations étaient-elles fausses ? De fait, oui elles l'étaient.

Alors d'où provenait l'erreur ?

Elle était simplement due à ma présence dans le lieu en modifiait sa teneur vibratoire. J'étais un terme de trop dans l'équation.

Merveilleuse bourde qui m'a permis de comprendre qu'il fallait travailler dans une modalité particulière celle de la présence-absence, c'est-à-dire étant là sans être là. Je devais me retirer de la confluence vibratoire globale et mesurer ainsi sinon je faussais mon analyse.

En cette modalité mes calculs devinrent plus objectifs, je n'étais sous aucune influence et je n'en n'exerçais aucune. Enfin il m'était donné de détecter des nocivités qui m'avaient échappées. Selon vous, qui peut nous répondre et nous aider à trouver les bons résultats aux équations posées. Pour moi aucun doute, c'est l'âme.

Parce concept de présence-absence j'ai pu ainsi comprendre spirituellement la Présence-Absence de Dieu, il est là sans influence aucune, Il regarde, jauge évalue la réalité mais ne fait rien. Il attend. Est-il présent ? Non, est-il absent Non. Seule l'âme peut dire ce qu'il en est. Là où le diable est présent, la Présence-Absence divine n'y est même plus car elle s'est retirée.

Dans ce cas précis, l'âme se trouve alors dans une grande détresse. Elle souffre de Sa désertion. Maintenant s'Il parvient à reposer dans une âme, quelque chose d'autre se produit, elle devient Présence Vivante.

Celui qui en est habité apprendra à son tour toute l'importance du mystère de la Présence-Absence.

Travailler à l'invisible impacte le temps

Maintenant je voudrais aborder une autre facette de mon travail, il s'agit de l'accès au temps, du changement du destin des personnes concernées par mon travail de dégagement et de purification. Avant de débuter le travail, je constate la plupart du temps que la vie de mes consultants se trouve comme enfermée dans un bien curieux labyrinthe malheureusement sans aucune voie de sortie.

Son habile architecte n'est autre que Chronos, le maître du temps, aussi sortir la personne de cet espace maudit, voilà une des finalités de mon travail. Mais je m'en explique à l'aide de cette image empruntée à la science d'aujourd'hui.

Nous connaissons le principe des puces RFID, elles permettent d'identifier et de géolocaliser une personne ou un objet. Déjà en expérimentation la pose de puces RFID sur certaines populations permettent de leur donner l'accès à certains lieux : bibliothèques, boites de nuit... Sur les animaux porteurs de cet artefact cela permettra aux vôtres, par exemple, de pouvoir rentrer chez vous sans problème par la porte appropriée. Quant à tous ceux qui n'en sont pas porteurs, ils s'en verront refuser l'accès tout simplement par discrimination. Cela nous semble tout à fait acceptable mais si je vous dis que nous fonctionnons humainement comme cela depuis des millénaires. Qu'en pensez-vous ?

Pour moi, sans nul doute, l'humanité est prisonnière d'un immense labyrinthe. J'ai cette intime conviction que le moment est venu d'en abattre les murs et de le détruire.

Je compare les intelligences mémorielles parasites (IMP) des individus à ces puces RFID, elles convoquent des situations précises comme si notre destin était déjà planifié, et elles nous interdisent de vivre des situations que nous avions ô combien rêvées ! Lorsque les IMP sont retirées, l'avenir s'ouvre à nouveau et j'entends souvent dire : « c'est incroyable cela fait si longtemps que j'espérais un jour pouvoir vivre cette situation », ou « enfin mes projets prennent vie ! »

Le maître du temps aime nous voir croupir dans son misérable labyrinthe. Sachons maintenant que le retrait des IMP a des conséquences bien plus grandes, notre vie change mais pas seulement, des centaines d'autres seront elles aussi transformées. Le retrait des IMP impacte grandement le temps !

Moins il y aura de puces dans l'invisible, plus se fragilisera la prison maléfique temporelle pour les humains, plus de liberté véritable pour tous.

Aujourd'hui la science est sur le point de nous faire accepter le puçage réel des populations mais au bénéfice de qui ! Réfléchissez aux conséquences de ce qui se met en place….

J'ai à cœur ce verset du psaume qui dit : « *Amour et Vérité se rencontrent, Justice et Paix s'embrassent* » (Ps 84,11). Oui Amour va de pair avec Vérité, et le terme vérité en grec « Aleteia » signifie sortir de l'oubli, ou encore sortir de la mort.

Autrement dit encore, la Vérité cherche le dévoilement, trouve ce qui est caché, oublié dans notre inconscience, cherche à identifier ce qui nous malmène ou qui nous garde dans une dynamique mortifère. Tant que la Vérité ne peut être, nous sommes la proie des monstruosités.

La Vérité est intrinsèquement liée à l'Amour lequel comprend les lois de la Vie qui nous gouvernent, et leurs altérations possibles par les forces du mal.

Si votre amour n'est pas à ce niveau, il est bien souvent vain et illusoire. L'Amour se doit au nom de la Vérité de vous rendre libre !

L'amour inconditionnel, oui… mais éclairé

Beaucoup utilisent cette expression à tour de bras : « amour inconditionnel », mais qu'est-ce à dire ?

N'est-il pas curieux de voir que physiquement, psychiquement et spirituellement ils sont tous, pour la plupart, la proie de forces maléfiques qui les leurre et les confortent dans leurs illusions.

L'amour inconditionnel est encore une des ruses du diable, parmi bien d'autres, pour vous garder dans ses filets.

Le véritable Amour, parce qu'il connaît les lois de la Vie, lui seul est capable de remettre du sens et de l'ordre mais il se doit d'être indissociable de la Vérité.

Ce n'est que le discernement qui vous aidera à se faire embrasser la justice et la paix au nom de l'Amour véritable. Et nous y travaillerons ! Alors oui, à ce moment nous comprendrons ce que veut réellement dire l'expression : « amour inconditionnel ».

Certes nous serons incapables de juger mais nous retrousserons les manches pour travailler corps et âme, eau et sang, au salut de nos frères et sœurs.

Nous ne pourrons de cette mission nous en décharger, cela fait partie du fameux package « Amour Inconditionnel ». Oserons-nous alors utiliser cette expression aussi impunément ?

Adam où es-tu ?

Reprenons maintenant ce texte fondateur de la bible, celui de l'arbre de vie et celui de l'arbre de la connaissance du bien et du mal. Concernant le deuxième, l'interdit était donné à Adam et Eve de ne pas en manger car le jour où il le ferait, ils mourraient :

« *Tu peux manger de tous les arbres du jardin. Mais de l'arbre de la connaissance du bien et du mal, tu n'en mangeras pas, car, le jour où tu en mangeras tu deviendras passible de mort* » (Gn 19, 16-17).

Le serpent nia l'interdit devant Eve et lui dit :

« *Non vous ne mourrez pas, mais Dieu sait, que, le jour où vous en mangerez, vos yeux s'ouvriront et vous deviendrez comme des dieux, qui connaissent le bien et le mal.* » (Gn 3, 4-5)

Et la transgression eut lieu ayant pour effet de faire perdre pour Adam et Eve cette qualité relationnelle, cette intimité qu'ils partageaient avec Dieu. Dès l'interdit transgressé, Dieu ne les voit plus. Les tous premiers mots, je dis bien les tous premiers mots de Dieu à l'homme après sa chute dans la bible, les voici : « Adam, où es-tu ? ».

Revenons quelques instants sur cet arbre de la connaissance du bien et du mal. Dans celui-ci s'y trouve le serpent, symbolisant la puissance du mal, son rôle nous faire perdre la notion de bien et de mal. Il nous fait prendre le bien pour le mal et inversement.

Sa mission nous couper de Dieu et c'est ce qui se passe quand Dieu cherche Adam, car il s'est trouvé séparé de Dieu, la trans-communication naturelle n'est plus. La mission de Satan, l'inverseur, nous faire croire que nous sommes des dieux !

Dès l'instant, où Adam reconnait les faits devant Dieu d'avoir mangé des fruits de l'arbre interdit, le couple originel s'en trouve sanctionné par leur mise à l'écart du paradis. Par obligeance Dieu se retire pour les laisser vivre dans ce « nouveau monde ».

En paradis avec Dieu la connaissance du bien et du mal n'avait pas lieu d'être, tout y était harmonieux, juste, rien ne manquait. Seul bémol à cela, il doit laisser le choix à l'homme de pouvoir prendre distance de cet état de vie idyllique.

L'arbre de la connaissance du bien et du mal avec le serpent est ce lieu ultime où s'exprime notre réelle liberté face Dieu.

Une autre vie « Hors du divin » est possible pour ceux qui voudraient tout de même en faire l'expérience.

Qu'en connaissent-ils ?

Rien du tout, c'est bien là tout le problème. Et le serpent sera là pour leur mener la vie rude. Bien sûr, par voie de conséquence, sur ordre divin, l'arbre de vie auquel l'homme et la femme avait accès leur sera interdit par le chérubin à l'épée de feu.

Depuis Adam et Eve, cela nous en sommes tous concernés. Désormais le chemin de retour vers le paradis pour y retrouver l'arbre de vie et y avoir accès, reposera sur cette condition celle de parvenir à démasquer le serpent, et à remettre les valeurs du bien et du mal dans leur bon sens.

Quand cette sagesse-là sera retrouvée alors l'accès à l'arbre de vie lui sera de nouveau réaccordée car l'homme se sera retrouvé. Il aura recouvré ses habits de lumière et Dieu pourra de nouveau le voir, la trans communication sera de nouveau établie.

Le discernement, une des clés pour réaccéder à l'arbre de vie

Discerner le mal, voir où est le bien et le mal dans leur bons sens, reste une clé absolument incontournable pour réaccéder à l'arbre de vie.

Celui qui y parvient, devient une sorte de prêtre, médiateur divin car investi par Dieu devenu son intime. Il est également un médecin car il peut soigner par les vertus guérissantes de l'arbre de vie.

Vous comprendrez maintenant toute la force des paroles du Christ : « Chassez les démons ! » encore faut-il savoir les discerner ; « Ressusciter les morts !», c'est à dire redonner sens à la vie pour tous ceux qui ont été intoxiqués par le serpent de l'arbre de la connaissance du bien et du mal qui les retient captifs dans son labyrinthe de mort ; « guérir les malades », c'est à dire rendre la vie aux corps physique, mental et spirituel.

Entrer dans la voie du discernement c'est faire un choix, celui de remettre du sens dans sa vie et celle de ce monde.

C'est à cette unique condition que notre soin sera probant, intègre et efficace.

A la suite du Christ...

Maintenant revenons au Christ ? Pour Lui que sont ces démons ? Par amour pour l'humanité, Dieu envoie son propre fils Jésus. Sa mission nous aider à revenir au bercail en paradis. Nous donner des clés pour enfin discerner le bien du mal et identifier le serpent. Les démons, pour lui, ce sont toutes ces forces pernicieuses qui font que nous passons à côté de la Vie. Ce sont des entités qui nous lient, nous contraignent à agir dans une certaine modalité sans que nous soyons capables d'en maîtriser quoi que ce soit, elles peuvent porter atteinte à la sphère du corps, de l'esprit et de l'âme.

A la suite du Christ, posons-nous la question de savoir par quel principe d'engendrement ces forces démoniaques apparaissent, sachant que lorsqu'elles prennent vie, elles ne cessent de grandir pour devenir puissantes et parfois quasi éternelles. Autre question qui les gère, qui en est le chef ? Oublier qu'à la suite du Christ nous avons à chasser « Satan et ses pompes » et à lutter contre les démons. Si nous ne le faisons pas alors nous sommes des ouvriers inconscients que le diable est à l'œuvre en nos vies.

Sommes-nous devenus tels des amnésiques incapables de pouvoir dire de quel côté nous sommes, celui de la lumière ou celui des ténèbres. Sommes-nous fils et fille des ténèbres ou fils et fille de la lumière ?

D'un côté je lutte et combats pour la Vie de ce monde ou, de l'autre, j'ai fait, sans le savoir, allégeance à Satan de façon presqu'hypnotique. Il me trompe, me mène par le bout du nez, m'amenant même à dire que le diable n'existe pas. Jadis lors de la célébration des vigiles pascales, il nous était demandé de renouveler nos vœux de baptême. Nous y redisions notre renonciation à Satan et ses œuvres mais aujourd'hui cela a quasi disparu de nos célébrations. Pourquoi ? Parce que le diable n'existe pas me direz-vous ? La mention du Christ descendu aux enfers n'existe quasi plus dans nos crédos. Alors qui confessons-nous de la sorte ? Qu'est-ce à dire du sens même de cette mort et Résurrection du Christ ? Cela me fait froid dans le dos, nous sommes à côté de la plaque.

Elaboration de diagnostics métabiologiques

Permettez-moi de vous livrer quelques exemples et d'y poser des diagnostics métabiologiques qui nous permettrons de comprendre combien ce travail de compréhension et de discernement concernant l'Invisible est crucial, indispensable, incontournable.

Voici un magasin qui vient d'ouvrir, précédemment tous ceux et celles qui se sont installés dans ce local voient rapidement leur activité cesser, et ce quelle que soit l'activité commerciale. En l'espace de deux ans pas plus, ils sont obligés de déposer le bilan pour faillite. Cette fois-ci, la nouvelle entrepreneuse me demande de nettoyer le lieu, de chasser ces forces qui contraignent jusqu'alors à la faillite. Trois ans ont passé mais soudainement son activité qui avait débuté si merveilleusement bien, voici que tout s'arrête. Les ventes cessent du jour au lendemain. Me voici donc rendu au chevet du commerce moribond, et là je constate que de nouvelles forces puissamment négatives ont pris place dans le magasin par l'entremise d'une magie noire envoyée par un commerce concurrent mécontent de son succès. Sans mon intervention, la magie à l'œuvre aurait eu raison non seulement du dynamisme de ce magasin, mais aussi de tous ceux à venir.

Dans les faits, la propriétaire du magasin avait constaté d'une part une résistance de la part des clients à entrer dans son magasin, comme si une force les repoussait, et d'autre part, même si l'un d'eux franchissait le pas pour acheter quelque chose, le paiement de ses achats par carte électronique, devenait impossible, l'obligeant à renoncer à son achat. La magie effacée, tout rentra dans l'ordre.

Diagnostic :

Intelligence parasite obligeante liée à un travail occulte accompli sur le plan de l'invisible par « magie noire » de la part d'un commerce concurrent se manifestant par une force qui psychiquement repousse les clients à l'approche du magasin, et physiquement qui affecte le fonctionnement de l'électronique.

Un couple, depuis peu, voit la violence devenir le quotidien. Cela fait six mois qu'ils sont dans leur maison. A cette heure, ni l'un ni l'autre ne se reconnaissent dans leur réaction émotionnelle. Je prends soin de les écouter et je perçois que le problème est inhérent à leur lieu de vie. M'intéressant aux occupants précédents, j'essaie de connaître l'histoire de leur demeure.

De fait, avant eux un couple avait divorcé sur fond de violence et au dire des voisins cela semblait être un problème récurrent pour tous ceux qui avaient habités cette demeure précédemment. Un fois, la purification du lieu opérée le couple retrouva sa sérénité. Enfin leur vie commune reprenait sens.

Diagnostic :

Intelligence mémorielle parasite habitant l'esprit de la maison ayant été engendré par les dissensions du tout premier couple qui a vécu un divorce dans cette maison causant, par là même, pour tous les couples à venir la même situation de violence par réplication.

Voici que Mme W. une jeune femme secrétaire médicale travaillant dans une polyclinique vint me trouver car soudainement elle avait l'impression d'être tombée plus bas que terre sur son lieu de travail. Elle était remarquée et encensée par ses patrons pour la qualité de son travail. Soudainement, elle est devenue comme transparente, et c'est une autre qui tout à coup fut mise sur un piédestal, elle qui auparavant ne recevaient que des critiques négatives sur son travail. Quant à la qualité du travail de Mme W. rien objectivement n'avait changé. Alors comment expliquer ce changement d'attitude soudain de la part de ses employeurs ? De fait, la secrétaire indélicate avait recouru à la magie noire visant à voler à Mme W. son essence de personnalité pour être à son tour appréciée. Désormais quiconque s'approcherait d'elle aurait inconsciemment cette sensation d'être en présence de Mme W. Sitôt le retrait de cette magie, les choses revinrent à leur normalité.

Diagnostic :

> **Vol d'essence de personnalité** lié à un rituel de magie noire se manifestant pour la personne volée par une perte de reconnaissance de son identité laquelle sera usurpée parcelle qui a recouru à la magie

Dans une salle à manger, l'hôte des lieux me fait remarquer qu'à chaque réunion de famille lors d'un repas partagé autour de cette table, des violences verbales, des irritations et/ou des agacements se produisent entre les convives. Elle se pose la question de l'existence d'un mauvais esprit en cette pièce.

La cause de cet émotionnel exacerbé en ce lieu est en réalité due à un double joug qu'ont porté deux bœufs. Celui-ci a été transformé en luminaire et il est placé au-dessus de la table.

Manifestement, le propriétaire des bœufs n'avait pas beaucoup de pitié pour eux, et il les maltraitait... Cette violence du maître et cette souffrance animale s'est imprimée dans l'objet, et par rémanence vibratoire provoque un désordre émotionnel, une agressivité pour tous ceux qui seront autour de la table.

Diagnostic :

Intelligence mémorielle parasite habitant le joug, celle-ci est reliée à la souffrance des bœufs ayant porté l'artefact, la maltraitance du maître et le mal être animal rayonnent de l'objet vers tous ceux qui seront dans son environnement, concrètement cela se traduit par des comportements émotionnels inappropriés.

Me voici dans une pièce où il me semble impossible de remonter le taux vibratoire du lieu, quand soudain je prends conscience que le désordre provient d'une photo d'un défunt placé sur le manteau de la cheminée. L'âme du défunt est souffrante dans l'au-delà, il se trouve dans un lieu infernal.

A partir de la photo est établi une sorte de lien avec lui comme un transfert vibratoire par phénomène sympathique. Une fois l'aide apportée au défunt, la pièce retrouvera naturellement un bon taux vibratoire.

Diagnostic :

Perturbation de l'équilibre spirituel du lieu liée à une âme en souffrance se manifestant par une diminution du taux vibratoire de la pièce où se trouve la photo du défunt en question.

Une personne ayant des envies de suicide depuis peu m'appelle et me demande si je peux pour elle quelque chose. Je constate que son désordre psychique remonte à une année environ. Arrivé sur les lieux je comprends de suite qu'il y a un lien avec trois de ses tableaux qu'elle possède. Je l'interroge sur l'origine de ses tableaux et elle m'avoue les avoir achetés il y a tout juste un an. Quant au peintre elle m'apprend qu'il est à ce jour décédé et qu'il s'est donné la mort. Tout était dit, le mal être et le suicide irradiait de ses tableaux. Cela suffisait pour intoxiquer la personne à son tour et la rendre malade psychologiquement.

Diagnostics

Perturbation psychologique par objet transitionnel liée à l'activité mentale dépressive d'un individu l'ayant conduit au suicide. Cette problématique subsiste dans les œuvres du peintre et se manifeste par un changement d'état psychologique chez ceux et celles qui possèdent ses œuvres.

Souffrance spirituelle par trans contact avec un objet, en l'occurrence les tableaux du peintre permettant un trans-contact avec le tourment de son âme retenue dans les enfers se traduisant par un mal être diffus accompagné d'un effet anxiogène et d'une envie de suicide pour la propriétaire de ses tableaux.

Un jour, une femme vient me consulter pour son genou. Depuis l'implantation de sa prothèse orthopédique, il y a maintenant 6 mois les douleurs étaient incessantes. Elle se plaignait de douleurs nocturnes l'empêchant de dormir, son genou était inflammatoire et très algique même de jour. Les antalgiques et anti inflammatoires ne la soulageaient en rien. Quant à la marche celle-ci devenait plus difficile qu'avant l'intervention. En réalité sa prothèse était maléficiée et son corps la refusait en luttant contre celle-ci. La purification opérée tout rentra dans l'ordre.

Diagnostic

Souffrance physique d'un membre liée à l'implantation d'un corps étranger chargé maléfiquement en l'occurrence la prothèse de genou et qui se traduit dans les faits par une lutte permanente du corps contre celle-ci le tout s'accompagnant d'un état inflammatoire persistant et des douleurs chroniques de jour comme de nuit

Je reçois un appel d'une femme au sujet de sa petite fille agressée par son chien. L'animal n'a jamais présenté de signes d'agressivité mais hier il a essayé de la mordre au visage. En scannant les énergies spirituelles de l'enfant, je vois qu'une entité malveillante est sur elle, de type intelligence mémorielle parasite. Celle-ci repose en haut du corps au niveau des épaules et de la tête. Ce n'est pas la petite fille que le chien attaquait mais l'entité sur elle. Dès celle-ci dégagée, tout rentra dans l'ordre. Sa petite fille rejouait avec le chien comme si de rien n'était.

Diagnostic

Altération du comportement psychique d'un animal liée à la présence d'une entité malveillante et démoniaque en son environnement ayant pour conséquence des réactions agressives du chien à l'encontre de la petite fille, non pour l'attaquer mais en signe de protection pour celle-ci et pour lui-même.

Une personne travaillant dans une banque souhaite que je l'aide sur le plan professionnel car elle ne se reconnait plus, au travail elle est mal. Angoissée, elle n'arrive plus à accomplir correctement son travail. En l'examinant psychologiquement, je m'aperçois qu'il y a une infiltration hypnotique en elle avec suggestions mentales et ce depuis trois mois. Je l'interroge et lui demande si un personnage nouveau est entré dans la banque dernièrement, et elle de me dire qu'un nouveau collègue est arrivé effectivement depuis 3 mois. Est-il tactile et le regard insistant lorsqu'il vous parle ? Lui demandai-je et elle, immédiatement de me répondre que oui. Cet homme occupe une place juste en dessous d'elle, et brigue son poste. Le moyen employé par ce dernier : l'hypnose.

L'infiltration hypnotique sera retirée à plusieurs reprises et finalement le protagoniste finira par comprendre qu'il vaut mieux en arrêter là. Quant à celle qui m'avait consulté, ses problèmes ont momentanément disparu.

Diagnostic

> **Influence psychique malveillante programmée sur autrui** de la part d'un individu recourant à l'hypnose sur un autre, sans son aval, se manifestant par un désordre psychique grandissant et une perte de ses capacités sur le plan professionnel

Un enfant change de comportement depuis peu à l'égard de ses parents, lui qui était docile et coopérant dans la famille en aidant aux tâches ménagères le voici soudainement injurieux. Il change de regard et parfois même le ton de sa voix change.

Que se passe-t-il donc ? Tout simplement une âme désincarnée qui s'est infiltrée en lui prenant possession par intermittence de son psychisme. Dès l'âme dégagée et replacée dans la lumière l'enfant retrouve son état de santé mentale habituelle et il demandera à ses parents de croire que lorsqu'il était méchant ce n'était pas lui !

Diagnostic :

> **Altération du comportement psychique d'une personne par infiltration spirituelle** en l'occurrence la présence d'une âme possessive et qui se manifeste par un changement relationnel avec ses parents, il est sous l'emprise de la violence.

Dans une maison des objets sont déplacés, de jour comme de nuit des lampes s'allument toutes seules y compris la télévision, des bruits se font entendre porte qui claque, tiroir de la cuisine qu'on ouvre. En réalité une âme désincarnée se manifeste et demande l'aide. Tout rentre dans l'ordre quand le soin lui a été donné.

Diagnostic

> **Peur et terreur psychiques et/ou spirituelles sur un ou plusieurs individus en leur lieu** provoquées par la souffrance d'une âme désincarnée en errance et qui demande de l'aide, devant l'incompréhension de ce qui se manifeste surnaturellement dans la maison les habitants sont pris de panique et d'inquiétude.

Appelé pour un problématique de sommeil, je sens qu'en la chambre et tout autour du lit se trouvent des âmes désincarnées, par ailleurs, de part et d'autre du lit s'y trouvent des livres. Dès que ceux-ci sont éloignés de la chambre, et les âmes reparties dans la lumière, le sommeil revient sans problème.

Diagnostic

> **Altération des habitudes de sommeil** liée à une activité nocturne d'âmes désincarnées et à une émanation psychique et spirituelle négative provenant des livres en rapport avec l'état émotionnel et spirituel de leurs auteurs.

Lors du rééquilibrage énergétique d'un lieu, je prends conscience que dans l'une des chambres occupées par l'un des enfants de la famille, il y a un esprit d'hostilité entre lui et ses parents. Je demande à la mère de l'enfant qui m'accompagne pour cette purification de me dire si les relations avec ce dernier sont bonnes. Elle m'avouera que pas du tout. Dès cet esprit effacé dans la chambre, et sur l'enfant, les parents me confirmeront une semaine plus tard le retour à la normale de leur relation avec lui.

Diagnostic

Contre énergie psychique hétéronormée liée à une tension psychologique entre l'enfant et ses parents se traduisant par l'apparition d'une intelligence artificielle mémorielle parasite issue de l'enfant contre ses parents.

Un pervers narcissique parvient depuis des années, dans le cadre d'un divorce, à gagner tous les procès intentés par sa femme à son encontre. Son ex-mari a cette faculté de pouvoir entrer dans le psychisme des gens et de les contraindre à agir d'une certaine façon. Juge, avocats de la partie adverses, assistantes sociales, médecins…. Tous semblent lui être favorables ce qui semble complètement aberrant lorsque vous prenez connaissance du dossier. Quant à cette femme, son ex-mari est parvenu depuis bien longtemps à l'infiltrer psychiquement et à la faire douter de son potentiel au point qu'elle finit elle-même par douter de sa bonne foi, à perdre confiance et estime d'elle-même.

Après avoir chassé cette force psychique chez tous les acteurs concernés par le procès, enfin elle gagne les procès suivants. La femme retrouve enfin son intégrité mentale et la force de combattre et de vivre sans que cela ne lui soit surhumain.

Diagnostics :

Infiltration psychique malveillante programmée sur autrui lié à la faculté mentale de l'ex-mari d'entrer et de manipuler l'inconscient des personnes. Tous ceux touchés par ces infiltrations obéiront aveuglément à ses ordres subliminaux.

Contre énergie psychique auto normée liée à une infiltration psychique malveillante et répétitive sur le long terme ayant pour conséquence une déstabilisation mentale et spirituelle de la personne à l'encontre d'elle-même, ici en l'occurrence pour l'ex-épouse sa joie de vivre disparait, un esprit de dévalorisation à l'égard d'elle-même existe.

Habitué de mes services, cet homme m'appelle parce qu'il ne se sent plus bien. De fait, je sens que cela remonte à un mois environ et je lui demande s'il peut me dire ce qu'il a fait il y a environ un mois : a-t-il introduit un artefact énergétique en son lieu visant à rehausser son lieu vibratoirement ? Non, alors un meuble, un objet ? Non, a -t-il fait un stage de développement personnel ? Non, alors un livre ? Oui, mais ce livre le captive et le fascine tellement qu'il ne comprend pas en quoi ce livre pourrait être la cause de son mal être. Je lui demande de se séparer de ce livre, de ne plus croire en son contenu, je le dégage de cette force entrée en lui par la pensée de l'auteur et tout rentra dans l'ordre

Diagnostic

Infiltration psychique et spirituelle négative par objet interposé liée au crédit porté par cette personne au contenu du livre et de son auteur à l'esprit manipulateur. La personne sous fascination perd ses repères et adopte de nouvelles croyances erronées et destructrices

Depuis des années, cette personne se trouve dans épuisement extrême, lorsque je découvre qu'elle est victime d'une vampirisation par un de ses aïeuls décédé. Je pouvais ressentir l'âme et l'esprit de ce dernier toujours présents dans son cercueil. Une fois le dégagement sur cet ancêtre accompli, les forces lui revinrent.

Diagnostic :

Dévitalisation corporelle et psychique liée à une vampirisation d'un défunt ou d'une personne vivante se traduisant par une extrême fatigue s'accompagnant parfois même par un amaigrissement et une pâleur de la peau extrême.

Il y a tout juste six mois, j'avais purifié une maison nouvellement acquise par un jeune couple mais soudainement dans le lieu l'ambiance avait changé, entre eux naissaient des tensions aussi firent-ils de nouveau appel à mes services. De fait la qualité biotique du lieu avait changé, et j'avais beaucoup de mal à procéder aux nouvelles corrections. Soudain l'épouse me dit qu'ils avaient complétement remodelé l'intérieur de la maison pour répartir l'espace autrement.

C'est cela qui posait en partie problème, les anciennes pièces n'étaient plus mais leurs âmes et leurs esprits subsistaient toujours.

Quant aux âmes des nouvelles pièces, elles avaient besoin d'une purification. Dans la chambre parentale où le sommeil posait difficulté, une nouvelle problématique apparut, la présence d'un tour de cou en vison qui leur avait été donné par une personne de leur entourage. L'âme de l'animal était toujours là y compris sa souffrance.

Ce tour de cou quant à lui avait été porté par une personne dont les énergies étaient sévèrement négatives. Dans la chambre d'un de leurs enfants, une nouvelle difficulté survient lors de la purification et j'apprends qu'il y a sur une étagère, un collier copie d'un grand joailler qui leur a été envoyé sans que le donateur se soit identifié.

Ce collier était porteur d'une magie noire qui déstabilisait sévèrement l'équilibre vibratoire de la chambre empêchant même l'enfant de dormir. Une fois toutes les rectifications faites tout redevint à la normale.

Diagnostics

Rupture de la qualité biotique d'un lieu liée à la modification architecturale de la maison portant atteinte non seulement à l'esprit de la maison et à son âme mais aussi induisant par dysharmonie un changement dans les qualités relationnelles des habitants du lieu.

Infiltration psychique et spirituelle négative par objets interposés liée à l'introduction deux objets étrangers chargés négativement pour le premier : le tour de cou en vison et maléfiquement pour le second : le collier. Les parents et l'enfant ne sentaient plus bien avec les habitudes de sommeil perturbées

Le Christ nous invitait à lutter contre ces forces malveillantes, aujourd'hui, avec ma pratique d'énergéticien et d'homme habité par la foi, je peux dire que ces formes d'intelligences destructrices sont toujours à l'œuvre en nos lieux, en nos objets quotidiens, artistiques et/ou religieux, dans des photos y compris en nous-même, qu'elles sont légions et qu'elles occupent tous les espaces de notre vie.

Je peux témoigner qu'elles ont une grande capacité d'adaptation en fonction de nos modalités d'existences actuelles. Ces dernières n'ont presque plus rien à voir avec celles de l'époque qu'a connu le Christ.

Les exemples que j'ai choisis précédemment suffiront je l'espère à vous faire percevoir l'étendue de leur action sous bien des formes. Les intelligences artificielles parasites sont toujours d'actualité, et elles prolifèrent sous diverses formes et sans aucune limite.

Il serait bon je pense d'en dépoussiérer le terme d'en actualiser la pensée et l'étude puis pourquoi pas de regarder notre réalité comme je vous l'ai décrite en termes de diagnostics métabiologiques.

La seule ombre au tableau que je perçois pour ce travail, c'est qu'il est obligeant et exigeant qu'il se doit de faire preuve de vérité, d'objectivité et de discernement.

Les limites de cette obligeance à faire preuve de vérité nous contraignent à remettre en question bon nombre de nos fonctionnements y compris à des niveaux plus hauts comme ceux des états, des institutions, des religions. C'est quelque part renier le monde dans lequel nous vivons.

Je Suis le Chemin, la Vérité et la Vie

Lever le mauvais, conduit vers toujours plus de vérité, et en finalité à la Vérité. C'est un chemin bien ardu mais lui seul nous mène à la liberté et à la vie. Si nous ne le faisons pas alors docilement nous participons à l'œuvre du diable. Dans ce cas toute œuvre de charité n'est que perle jetée aux pourceaux. Cela fait écho pour moi et sans l'ombre d'un doute à cette parole du Christ : « Je Suis le Chemin, la Vérité et la Vie » (Jn 14, 6). Quant au diable, il est sans nul doute l'errance, l'égarement, le mensonge et son œuvre : semer la mort !

Voici le texte d'une prédication prononcée à l'occasion d'un enterrement ; il est rare de pouvoir entendre un tel discours le jour des funérailles religieuses d'une personne. Actuellement dans la réalité célébrée, n'avez-vous jamais eu ce sentiment que le prêtre, parlant de la mort, dit des paroles qui manquent de cohérence ? Un peu comme s'il était gêné aux entournures pour parler de l'existence d'une vie au-delà. Son discours restera souvent très elliptique mais pas celui-là je pense :

« Nous voici cette après-midi réunis pour dire un dernier adieu à Louise. Et le départ d'un proche, d'un être cher est toujours

l'occasion pour réfléchir sur le sens ultime de notre existence en ce monde.

Louise, tu viens de nous quitter physiquement mais je te sais toujours présente avec nous en ce jour même et cela le sera encore pour tous nos matins à venir. Si certains souffrent déjà ton absence, je te sais personnellement déjà passé dans l'autre monde, ce monde invisible qu'est le ciel, le purgatoire ou les enfers.

Alors où est Louise certains me diront-ils ? Au ciel, au purgatoire ou aux enfers ? J'allais dire cela dépend de vous. Quel que soit ce monde où elle se trouve, nous sommes tous étroitement liés à son destin que vous le vouliez ou non. Le ciel, le purgatoire ou les enfers sont affaire de nous tous.

Et je vous dis : s'il en est un aux enfers, nous y sommes tous nous aussi car nous n'avons rien fait pour sortir ce frère ou cette sœur de ce lieu. Tant qu'il en est un aux enfers je ne peux me réjouir en cette existence, ma vie reste en souffrance et ma mission se résume alors à ceci : tout faire pour sortir ce frère, ou cette sœur de ce lieu maudit.

Mais alors que sont les enfers ? Je concède que cette expression nécessite quelques explications.

Le monde des enfers, c'est ce lieu où les uns et les autres se sont retrouvés liés par cette force obligeante et destructrice cachée dans notre inconscient laquelle s'origine dans le mensonge de notre société, de notre famille mais aussi de nous-mêmes et de nous tous.

Si nous y descendons à notre mort, c'est bien trop souvent malheureusement parce que nous avons été trompés sur le sens de la vie. Et le sens, le voici : nous sommes venus sur terre pour donner et apporter la vie à ce monde, et j'entends ici le monde aussi bien visible qu'invisible, voici tout le mystère de notre incarnation. Mais voilà l'œuvre des hommes : détruire, accaparer, amasser, faire du profit au détriment de ce monde. Pour cela nous n'hésitons pas à le détruire, à le dévorer, à l'annihiler sans état d'âme voir sans affect.

Si la vie se donne sans cesse à l'homme, lui ne l'entend pas de la sorte, loin de la respecter il la prend et la mange sans en respecter ses lois. Par contre lorsque nous naissons à la vie divine, nous comprenons la grandeur de notre mission qui peut se résumer en un mot : délier. Le Christ ne dit-il pas : « tout ce que vous aurez lié sur terre sera lié au ciel et tout ce que vous aurez délié sur la terre le sera au ciel ». Lier ou délier, telle est la problématique existentielle de toute vie humaine. Personnellement j'ai fait le choix celui de délier toute vie à la suite du Christ, et mon désir le plus cher c'est d'y faire entrer mon prochain dans la compréhension de cette parole du Christ, laquelle se devrait d'être le paradigme, le modèle de toute incarnation humaine. Voilà le véritable mystère de notre vie ici-bas : avec Lui délier la vie de tout mal.

Louise, tu aimais en cette vie broder et faire des ouvrages de point de croix. Par tes mains des figures apparaissaient sur la toile vierge à partir d'un modèle qui t'étais donné. Permets-moi de rester sur la thématique du fil.

Que sommes-nous réellement ? Quelle est notre véritable figure ? Celle que les autres ont brodé pour nous par leur fil relationnel de plus ou moins bonne qualité. Voyez-vous l'étoffe de nos vies dans laquelle les autres nous ont drapés est rarement faite de fil d'or ou de fils lumineux. Les humains ont l'art de draper leur frère dans des tissus rêches, épais, lourds, et pour certains les fils employés sont de véritables barbelés.

Aussi dans ce vêtement façonné par les autres, l'homme s'il veut lever le bras il ne le pourra pas, car le bâti du vêtement fera qu'il lui sera quasiment impossible de tendre le bras à son frère, et s'il désire s'abaisser vers le plus faible, la rigidité du vêtement ne le lui permettra pas.

Frères et sœurs, ne nous leurrons pas nous passons toute notre vie à revêtir nos proches d'habits sombres, d'habit de malheur, de jalousie, de rancœur, d'iniquité véritable, et ce sont de véritables camisoles, celles façonnées par nos inconsciences.

Mais si nous le faisons, c'est parce que nous même nous avons été drapés, nous aussi, par cette même inconscience collective. Oui, nos rapports entre humains n'existent que sous l'égide de l'esprit de ce monde. Nous avançons dans l'existence revêtu par cet esprit du mensonge, et de la tromperie, celui de notre inconscience.

Lazare est mort depuis quatre jours, c'était l'ami du Christ. Et lorsqu'il est venu, il l'a délié de ses bandelettes Il lui a rendu la vie en le ressuscitant d'entre les morts.

L'étoffe de nos vies ressemble souvent à ces bandelettes qui nous entravent pour œuvrer véritablement à la vie. Malheureusement nous avançons dans l'existence pieds et mains liés, déjà liés dans la mort par l'entremise de nos frères, de notre famille, et de notre société. Il est même parfois des êtres sur lesquels ont été envoyé des magies. Certains pourraient dire au décès de Louise, c'est terminé pour elle les dés sont jetés… La vie continue…. Mais alors ils seraient complices de l'esprit malin de ce monde. Erreur…, grave erreur car la mort de l'autre me concerne car il y va de la mienne.

Jadis il était de coutume de prier pour les âmes du purgatoire, celui ou celle qui avait cette pratique spirituelle se voyait au jour de sa propre mort allégé par le Très Haut du fardeau de ses fautes. Le faire, c'est merveilleux mais j'allais dire nous pouvons mieux faire !

Lorsque le Christ rendit le dernier souffle sur la croix, l'évangéliste Matthieu nous dit que les morts sortaient de leur tombeau, et comme nous le confessons dans le credo, Christ est descendu aux enfers dans cet unique but de libérer les âmes captives.

Si nous croyons fermement en Christ, alors par lui avec lui et en lui, en nous repose cette incroyable don celui de pouvoir avec lui descendre aux enfers pour délier les âmes captives, esclaves de l'esprit de mensonge de ce monde, et ne l'oubliez pas cet esprit du mal est encore trop souvent le nôtre. Si le destin de votre prochain vous importe peu, c'est que la mort est déjà vôtre en votre quotidien.

Alors à la suite du Christ, je demande à nous tous de rendre à Louise sa liberté, nous allons si vous le voulez bien retirer ensemble toutes ces bandelettes que nous avons posés en sa vie, et qui nous lient mal sainement à elle dans l'au-delà. Si nous avons un quelconque grief à son égard, il est temps d'oser avouer que l'un et l'autre nous avons été victime du trompeur. Si un quelconque différent reste en votre cœur par rapport à Louise, libérez-vous en avant que cette animosité ne vous dévore.

Qu'est-ce que pardonner sinon que de délier, de défaire tous les fils du canevas de nos vies, ce canevas que les autres ont voulu inconsciemment pour nous. Pardonner, c'est aussi participer à l'enlèvement de tous ces fils que nous avons posés sur les autres.

Et de fil en fil retiré que restera-t-il alors ?

Lorsque l'habit trompeur sera défait alors apparaitra enfin la nudité de l'homme libre.

Quand nous aurons retrouvé notre nudité originelle, Dieu s'empressera de vous revêtir d'un manteau précieux, et lumineux qui nous rendra toute cette beauté originelle que nous avions perdue.

Prenons maintenant un temps de silence pour nous recueillir, et relire tous ces instants de vie que nous avons vécu avec Louise. N'ayons pas peur de faire remonter ces mauvais moments, ces instants où nous pouvions être en désaccord avec elle, ces instants où nous l'avons sciemment, peut-être, placée dans l'enfer de nos certitudes et de nos condamnations.

J'atteste qu'en ce jour, en cet instant toutes ces forces néfastes qui monterons de vos cœurs seront par Dieu déliées et effacées chez elle et en nous tous. Nous rendrons ainsi la liberté non seulement à notre sœur Louise mais aussi à nous même. N'oubliez jamais que tout ce que nous aurons lié sur terre sera lié au ciel et tout ce que nous aurons délié sur terre sera délié aux cieux.

Puisse Louise dans l'au-delà, être revêtu de cet habit de lumière que Dieu veut pour chacun d'entre nous. Forte de cette libération, de ce pardon, nous te demandons Louise à notre tour de bien vouloir nous pardonner, et de nous délier d'une quelconque faute ou d'une omission que nous aurions eu à ton égard.

Qu'un jour la communion des saints puisse être pleinement nôtre sur cette terre. »

En conclusion….

Je suis conscient qu'à la lecture de cet ouvrage, certains s'interrogent sur mon identité. Qui suis-je pour vous parler de la sorte ? Mon discours en dérangera plus d'un, mais je me situe comme un lanceur d'alerte dans le domaine spirituel et énergétique. Certes il y a danger à parler de la sorte mais je ne puis me taire. J'ai fait le choix de la Vie avec Dieu.

Avec Lui, je suis devenu un effaceur du temps celui de Chronos ; un passeur d'âme et un porteur d'âme descendant aux enfers avec le Christ, n'en déplaise à certains adeptes du karmique, libérer les âmes perdues. Tel un pèlerin sur le chemin de la Vie je souhaite vous donner ce désir de vous mettre en marche. Après la transgression originelle, celle d'avoir mangé de l'arbre défendu celui de la connaissance du bien et du mal, Dieu a perdu le contact avec Adam qui se cachait et pour la première fois il dût user de la parole sous la forme d'une question : « Adam, où es-tu ? » ; L'homme n'est plus dans le champ de Dieu.

Aujourd'hui depuis la venue du Christ, nous sommes à même de rechercher Dieu, le tout c'est de le désirer du fond du cœur. C'est à nous désormais de l'appeler de tout notre être, nous le trouverons alors présent en nous et tout autour de nous, et ce dans le Silence du cœur.

Adam et Eve ont transgressé l'interdit de manger de l'arbre de la connaissance du bien et du mal avec son maître le diable, l'inverseur. Comme cela le leur fut annoncé par Dieu ils furent frappés par la mort. L'homme depuis se plait à croire qu'il puisse devenir Dieu et lui ravir sa place. Tout cela n'est que mensonge, il faut le dénoncer haut et fort, nous ne serons jamais Dieu.

Pour y parvenir, il nous faudra aller à contre-courant de ce qu'il nous est dit ou donné surtout en termes de croyances tout particulièrement en ces temps où Satan s'est savamment recyclé dans le faux spirituel. Pour cela, notre pensée deviendra transgressive par rapport à celle de ce monde, à la logique séductrice du serpent. Il nous faudra peut-être apprendre à regarder la réalité non pas comme le pendu du tarot qui se trouve, par l'entremise du séducteur, à l'envers suspendu par les pieds à un arbre, celui-là même de la connaissance.

Lorsque nous refuserons cet arbre en l'état actuel alors nous en prendrons distance et nous nous en désolidariserons. Notre existence deviendra un combat contre le mal. Oui, nous serons attaqués comme le furent bon nombre de saints et saintes qui, de par leur choix de vie, étaient la proie du destructeur. Si notre vie n'est pas une lutte permanente contre ces forces alors je suis désolé de vous l'apprendre ainsi mais le mal vous possède déjà.

A l'inverse si nous entrons dans le combat, il ne pourra plus nous retenir, nous aurons les pieds bel et bien sur terre, nous regarderons notre environnement dans le bon sens avec pour compagnes lucidité et vérité. De nouvelles valeurs nous habiterons, nous deviendrons non plus des gardiens de l'ombre, de ceux qui dénoncent avec violence comme hérétiques tous ceux qui ont quitté les ténèbres, tous ceux qui ne sont plus dans le moule de la pensée obligeante, aussi bien celles de l'économie, de la politique, du social, du médical, du religieux...

Nous serons devenus des combattants de la Lumière, notre vie consistera à regarder l'arbre son bon sens, et à déjouer l'œuvre du falsificateur. Sacré programme mais ô combien exaltant pour celui qui s'y sent appelé. Ce sera le signe qu'il s'est enfin retrouvé ! La Présence Absence divine n'est plus.... En lui, Il est simplement là dans toute Sa majesté, pleinement présent à l'œuvre en ce monde.

« Avec moi, vous ferez des choses que je n'ai pu faire », cette parole du Christ n'a de cesse de m'interroger. Qu'avons-nous fait de plus à cette heure par rapport à ce qu'Il a opéré de son vivant ? De quoi nous parle-t-il ? Soigner les corps, les âmes et les esprits c'est déjà fait, alors de quoi s'agit-il ?

Permettez-moi cette hypothèse. Un des versets du magnificat que Marie déclame lors de sa visite à sa cousine Elisabeth m'a toujours questionné : *« Déployant la force de son bras, Il disperse les superbes. Il renverse les puissants de leurs trônes, il élève les humbles. Il comble de biens les affamés, renvoie les riches les mains vides. » (Lc 1, 51-5)*

Si je regarde l'histoire, rien de cela n'est arrivé bien au contraire. Pour certains, Dieu rend toujours plus riche ! Les puissants sont toujours plus forts, tandis que les riches voient leur fortune de jour en jour grandir, quant à la pauvreté, elle s'accroit d'une manière inquiétante. Faudrait-il entendre la parole du Christ comme un appel à changer de modèle de société comme Marie nous le décrit dans son cantique ? Si c'est le cas, comment pourrions-nous le faire ?

Un jour j'ai découvert les ouvrages d'un chercheur Rupert Sheldrake qui a mis en évidence l'existence des champs morphiques. Une sorte de grande intelligence matricielle laquelle, par résonnance, s'impose à une réalité particulière. Voici une des définitions qu'il en donne :

« C'est l'influence qu'exerce tout système auto organisé passé sur les systèmes homologues présents. Atomes, molécules, cellules vivantes, plantes, animaux, sociétés, cultures, systèmes solaires, galaxies, sont des systèmes autoorganisés. Nos machines n'en sont pas, mais nos comportements ou nos pensées en sont. Chaque système se présente sous une certaine forme.

La résonance morphique suppose que cette forme est comme mémorisée quelque part, dans un « champ morphique », ou « champ de forme ». Prenez des pratiques nouvelles telles que le skateboard ou la navigation sur Internet : plus leurs adeptes sont nombreux, plus leurs champs de forme se renforcent et plus ces pratiques deviennent faciles à mettre en œuvre. Je ne suis pas l'inventeur de ces concepts ; je n'ai fait que systématiser ce que d'autres avaient déjà imaginé au début du XXe siècle, souvent dans la mouvance d'un génie trop négligé : Henri Bergson. »

Certains de ces champs de forme sont millénaires et s'imposent à nous indubitablement, pensez à l'économie basé sur le pouvoir et la richesse, la loi du toujours plus riche au détriment du pauvre. Si nous pouvions éradiquer ces champs morphiques destructeurs de la même manière que nous effaçons une intelligence mémorielle parasite, alors nous pourrions espérer l'émergence d'un monde nouveau avec des champs matriciels radicalement autres, non plus destructeurs mais respectueux du vivant.

Aujourd'hui avec le Christ cela est de l'ordre du possible ; en son temps nos facultés mentales et spirituelles ne le pouvaient pas.

Je disais en commençant cet ouvrage qu'actuellement nous sommes dépositaires de facultés nouvelles mais nous n'en faisons rien. Le temps est venu de se lever à Sa suite et avec Lui d'oser modifier notre réalité proprement dite.

Oui avec lui vous ferez des choses qu'il n'a pu faire en son temps. Et pourquoi n'a-t-il pu le faire ? Tout simplement parce que ce n'était pas dans l'air du temps, et qu'il ne pouvait encore y associer l'humain. L'humanité n'avait pas ce potentiel spirituel requis.

L'avons-nous aujourd'hui ? Oui et non. Nous avons cette capacité de conceptualiser ce que je viens de dire, mais avec Lui et la grâce de l'Esprit Saint, nous commencerons à vivre en notre chair notre véritable dimension spirituelle et nous pourrons accomplir avec Lui ce qu'il n'a pu faire en son temps. Mettrons-nous en acte l'éradication des résonnances morphiques ? Nous n'avons pas le choix, c'est une urgence et il y va de notre survie.

Cela se fera sans arme, sans violence tout simplement dans la paix. Nous serons dans la fin des temps obligeants. Voici l'heure... Celle du passage... Nouvelle naissance... Nouvelle humanité !

Métanoïa, transformation….

Si le Christ Messie vivait en son Corps l'accomplissement de la promesse faite par Dieu aux hommes : celle d'être avec Lui jusqu'à la fin des temps, et ne plus faire qu'un avec Lui, il est néanmoins venu en ce monde pour nous montrer comment cela pouvait se réaliser pour chacun de nous.

La métanoïa, c'est-à-dire cette conversion, ce retournement spirituel par lequel l'homme s'ouvre à plus grand que lui-même en lui-même, ici en l'occurrence Dieu est de l'ordre du possible. Jésus, Son fils unique nous en a donné la voie à suivre et justement vous le verrez, il y est question d'un chemin eucharistique. Eucharistie, au sens de faire action de grâce, et ici en l'occurrence il s'agit d'un repas qui nous met en lien avec le dernier qu'Il prit le jeudi saint avec ses disciples, avant de connaître Sa crucifixion, puis Sa mise au tombeau au vendredi et au final, le jour de Pâques, Sa Résurrection. Nous en comprendrons une partie des tenants et aboutissants.

Lors de cet ultime repas qu'il prendra avec les siens, il nous révèle par ses paroles prononcées sur le pain et le vin, ce qu'est le sens de la Vie. Ce pourquoi il est venu, ce à quoi nous sommes appelés.

De son vivant, tout l'enseignement du Messie pourrait se résumer à une injonction : quittez le monde de l'inconscience, faites unité avec le corps conscient dans son aspect visible mais surtout dans celui invisible. Prenez garde car ce dernier peut être le lieu de Dieu ou du diable.

Pour se faire, une fois de plus, le point de départ de notre travail sera l'invisible lui-même. Lui seul source toute existence en bien ou en mal dans notre réalité physique. Le scruter, l'étudier, en comprendre ses modalités de fonctionnement pour y remettre de l'harmonie voilà la Voie pour sortir de notre inconscience. Notre société nous impose une forme de comportementalisme avec des règles afin de contenir cette violence latente de notre inconscient collectif. Cependant, nous prendrons distance de cette forme obligeante de bien vivre qui nous est imposée.

Il ne s'agit pas ici de nous conforter sur un comment faire pour un mieux vivre ensemble, mais d'abord la première des choses sera de comprendre pourquoi avons-nous dû mettre en place une forme de « bien séance » pour juguler la violence latente en notre monde.

Entre gens civilisés, il y a des règles à respecter pour ne pas s'entretuer, cela ne nous empêchera pas de détruire allègrement et impunément notre planète. Si nous sommes au clair avec nous-même nous reconnaîtrons que cette attitude est quelque peu palliative, en regard de ce manque de vie, de respect de la vie, et de cette mort latente.

Quelque part, c'est comme si je donnais des soins à un mourant pour que le passage se passe au mieux et que sa souffrance soit réduite à minima. Christ n'est pas du tout venu pour cela, bien au contraire, toute sa vie peut se résumer à ceci : rendre la vie aux morts, non de façon palliative, mais curative au sens d'une guérison profonde et durable, non pas seulement du corps mais de tout l'être, y compris l'âme et l'esprit.

Lorsque nous l'aurons réintégré et assumé en notre vie, cela s'accomplira la plupart du temps au prix d'une vie transgressive, il nous appartiendra de désobéir au système en place, non pas pour devenir tels des anarchistes mais tels des chercheurs de la Vérité ayant pour unique loi le respect de la Vie. Cette fois-ci, nous ferons tout pour que notre existence puisse s'exercer librement. Nous n'aurons pas d'autre choix possible. Les narcotiques du palliatif n'y ont pas de place.

Tels des divergents, nous dénoncerons aussi à temps et contre temps des fausses croyances relatives à notre méta réalité. Nous expérimenterons que soigner physiquement, psychiquement et spirituellement ne va pas de soi, la prudence doit être de mise. Le soin véritable repose sur un réel discernement à savoir si celui-ci procède de l'en haut (la Transcendance, la Lumière) ou de l'en bas (le diable, les ténèbres). Aujourd'hui derrière un bon nombre de thérapeutes se cache le mal, quelque part le diable soigne à leur insu, d'un côté il y a guérison mais de l'autre quelques temps plus tard un mal nouveau émerge chez celui qui a été guéri. Le tentateur, le destructeur ou le saboteur œuvre inlassablement et plus que jamais dans l'arbre de la connaissance du bien et du mal ! Il y règne en maître absolu de façon sournoise et quasi indétectable. C'est un merveilleux anesthésiste et de surcroit un fabuleux embaumeur !

Conscient de cela, nous n'aurons nul autre choix, une fois avoir bien identifié le fonctionnement de notre réalité, que de combattre tout ce qui n'est pas de la lumière. Notre vie et celle du monde en dépendent. Il ne s'agit pas de mettre un quelconque emplâtre sur une jambe de bois, mais de rendre d'abord la vie à cette jambe pour pouvoir enfin lui apporter les soins adéquats.

Alors par où commencer ? Comment faire ?

Pour cela nous aurons à comprendre et à intégrer que notre corps sera à jamais partagé avec tous, et que nous serons étroitement liés existentiellement avec chaque chose, chaque être, liés jusqu'à chacune des particules qui nous constituent même la plus infime. Ceci nous amènera à vivre notre existence en termes de solidarité et de reliance avec beaucoup d'humilité. Mais ce corps que nous sommes a de quoi nous décontenancer lorsque nous regardons la réalité.

Qui sommes-nous alors en réalité ?

Je dirai primo : rien... rien de rien.... 99,9 % de vide, secundo lieu au regard de l'immensité de l'univers nous sommes infiniment plus petit qu'un virus ! Tertio en regard du temps cosmique, notre existence est plus qu'insignifiante, quasi inexistante temporellement parlant. Avec ce raccourci saisissant sur la place de l'homme en ce monde, il y a matière à se questionner sacrément sur notre place occupée au sein de la galaxie.

Je ne suis rien sur le plan de la matière mais mon âme et mon esprit, sont deux autres pièces particulièrement majeures où la vie prend tout son sens, ou pas.

Finalement je ne suis qu'une image, un hologramme mais qui émet l'image ? Et à l'image de qui ? Qui en est le scénariste du film de ma vie, le producteur, le réalisateur ? Moi, Dieu ou quelqu'un d'autre ?

Et Dieu là-dedans, que vient-il faire ? Est-ce une pure fiction ?

Ici nous sommes de l'ordre de la foi. Comment se fait-il que nous puissions croire qu'aux yeux du divin cette humanité puisse avoir une place toute particulière au sein de la création, au point d'y envoyer son propre fils Jésus-Christ. Certes nous ne sommes pas le centre de l'univers, nous nous en doutons bien.

Mais pourquoi nous ?

Oui ce Dieu vient dans l'infiniment petit de sa création... Il s'abaisse jusqu'à nous, n'est-ce pas incroyable ? Tant que nous n'avons pas compris le pourquoi de cet abaissement, nous n'aurons pas encore cerné qui est l'homme. Nous sommes un microcosme à part entière, l'infini petit repose en nous. Cela nous amène à nous interroger encore sur ceci :

Qui prend soin pour nous-même de cet infiniment petit qui nous constitue ? Qui a le souci de ses cellules qui meurent quotidiennement en nous, lesquelles sont laissées sur notre passage derrière nous ? Ça ne se voit pas ! Oui, c'est vrai et pour la plupart d'entre nous tous, nous n'en n'avons que faire. Heureusement que Dieu devant l'immensité de sa création n'en fasse pas de même pour nous. A ses yeux cet inexistant que nous sommes paraît ne pas être négligeable. Pourquoi n'en serait-il pas de même avec chacune de nos cellules ? N'ont-elles pas toutes un corps, une âme et un esprit ? Vous trouverez cela peut être ridicule mais cette tridimensionnalité est constitutive de toute réalité naturelle ou artificielle c'est-à-dire fabriquée par l'humain.

Le vivant s'organise sur ces trois polarités. Croire que nous avons une âme en regard du grand-tout, étant bien plus infiniment petit qu'un virus, alors posons-nous aussi cette question de savoir en quoi il est ridicule de croire que je suis constitué d'un ensemble d'âmes. Par exemple, l'âme et l'esprit du foie sont composés d'une multitude d'autres sous parties avec encore d'autres âmes et d'autres esprits. La maladie peut survenir d'un problème sur le plan organique mais aussi sur celui spirituel ou psychique. Gardons bien tout cela en tête quand je vous parlerai de la Vie.

Il est une autre composante que nous devons intégrer : l'infini me concerne. Il nous faut assumer notre vie en termes d'infinitude parce que quelque part paradoxalement nous en sommes mystérieusement pétris. Lorsque spirituellement nous commencerons à travailler avec lucidité sur ce que nous sommes ; il nous faudra être audacieux, culottés et avoir une sacrée dose de folie pour oser croire qu'avec Lui nous pouvons travailler au grand tout. Il ne faudra pas oublier l'infiniment petit que nous sommes au regard du macrocosme et paradoxalement cet infiniment grand au regard de notre microcosme, ce milliard d'âmes et plus... qui nous compose !

Alors comment cela se fera-t-il ?

Pour y parvenir, il nous faudra acquérir cette vertu du printemps qui fait naître la vie là où elle semblait endormie. Ici le détachement est de rigueur. Nous passerons notre existence à accomplir ce que nous avons à faire sans rien attendre de ce qui se produira. Si nous devenons le printemps, il le sera pour tous et ne s'arrêtera en aucun cas à un arbre par complaisance sinon ce serait l'hiver pour tous les autres. Sachons devenir ce printemps au service de l'œuvre divine, c'est l'être pour tous sans être en particulier pour quiconque. Mystère du détachement !

Notre vie prendra sa stature et sa véritable verticalité lorsque nous aurons compris le message du Christ. Elle prend véritablement corps, à l'image Christ, quand enfin nous assumons que notre vie n'est plus notre vie et que, dans le même temps, aussi surprenant soit-il, toute vie devient la nôtre. Nous devrons nous en sentir responsables. Voilà l'essence même de notre mystère d'incarnation !

Si une âme incarnée entre dans cette Conscience-là, comme cela le fut pour le Christ, et que la Transcendance désormais vit en elle, alors elle peut La découvrir aussi en toute chose et en tout être, parfois à l'état de germe et plus souvent chez les humains, un germe souffrant de maltraitance.

En assumant cette Transcendance déployée en nous, nous réaliserons que notre corps s'étend petit à petit jusqu'à la dimension même de ce monde. Que ce soit un pain, un arbre, un paysage, un animal, un insecte ou dans tel ou tel homme nous ne pourrons nous en dissocier, ou nous en sentir séparé. Mystère de notre corporéité ! Le fait d'être au monde dans un corps, mais alors quel corps incroyable ?

Cette extension connectique de nous-même en toute chose et en tout être, nous amènera que nous le voulions ou non, à le vivre en un corps souffrant, disharmonieux encore et toujours défiguré par le mal car telle est notre réalité lorsque nous avons véritablement recouvré la vue et l'ouïe.

Plus l'écart entre le Transcendant et nous-même se réduit, plus mon ouverture au monde devient consciente. Et c'est ici que se joue notre propre rôle au sein de la création en tant qu'être habité par le Transcendant au point de ne plus faire qu'un avec Lui.

Notre mission, avec une extrême lucidité, devient celle-ci : sauver la conscience des hommes du malin. Cet acte ne sera jamais réalisé une fois pour toute, chaque jour tant que les hommes ne se seront pas éveillés à eux-mêmes le travail restera à faire. C'est ce que le Christ a enseigné et demandé à ses disciples de pratiquer : d'abord chasser les démons (le monde des âmes), puis guérir les malades (la sphère du corps), et enfin ressusciter les morts (le monde de l'esprit).

Si cette mission christique avait été prolongée après le départ du Christ, nous n'en serions pas dans cet état de détresse mondiale. Cette dynamique de libération des âmes, des corps et des esprits nous avions à nous y inscrire. Pourquoi, et je me répète, cette démission de l'Eglise depuis tant de siècles ? Aller à la suite du Christ, entrer dans la vie christique, c'est entendre l'appel pour chacun de nous à continuer Son œuvre laquelle va bien au-delà d'une simple croyance religieuse tout aussi pieuse soit-elle.

Aller à Sa suite, c'est de tout son être s'engager à tout faire pour refuser toute compromission avec le mal, mais pour cela encore faut-il pouvoir l'identifier, le débusquer et l'éliminer. Si seulement nous pouvions réaliser combien notre venue consistait en ceci : éveiller notre conscience à nous-mêmes et conséquemment au monde. Jésus est venu simplement nous montrer comment nous pouvions à notre tour le vivre et le mettre en acte en ce monde pour que les ténèbres puissent disparaître de cette terre.

Voici les tous premiers actes qu'ils nous sont demandés de réaliser à savoir chasser les démons (polarité âme) qui causent des troubles dans le monde de la conscience, et guérir les malades (polarité corps), ceux qui sont en rupture avec leur corps de par l'œuvre du mal..., ressusciter les morts (polarité esprit), aller chercher aux enfers les âmes retenues captives par les liens de l'esprit du malfaisant, en d'autres termes faire reculer le mal qui assaille, leurre, et emprisonne les hommes corps, âme et esprit dans une fausse vision d'eux-mêmes, ou encore dans de fausses croyances.

Mais deux mille ans après la venue du Christ, nous sommes toujours endormis plus que jamais. La dégradation de ce monde est plus que jamais inquiétante. Qu'avons-nous fait ? Rien, et pendant tout ce temps le mal a gagné de plus en plus d'emprise sur ce monde.

Que pouvons-nous faire, allez-vous me dire ?

Voici une clef qui nous vient du Christ mort et ressuscité, et qui peut aller jusqu'à ouvrir les portes des enfers, elle s'appelle : le partage eucharistique. En redécouvrant notre existence qui se devrait d'être Eucharistie (« action de grâce ») et en La vivant jusqu'à la partie la plus infime de nous-même nous comprendrons qu'elle est un remède au manque de Vie en ce monde et cela non seulement pour nous-même mais aussi pour le monde par indissociabilité. Aussi chaque jour, nous sommes tous appelés à La vivre en notre corps jusqu'à la fin des temps. En célébrant l'Eucharistie en vérité, nous contribuerons à la réémergence des consciences. C'est ce que nous allons essayer maintenant de comprendre.

Lorsque nous en aurons pris acte à savoir partager ce repas d'action de grâce tel que le Sauveur nous l'a demandé, nous établirons une sorte de résonance qui s'étendra sur toute cette terre à la mesure de notre faim et soif de la VIE. Celle-ci aura pour particularité d'entrainer à sa suite, par syntonie, toutes les consciences encore endormies par les artifices et les mensonges du tentateur.

Célébrer l'Eucharistie en Vérité, c'est revivre en son corps cette alliance indéfectible qui existe entre nous et Dieu, cette alliance qui nous rend acteur du salut de ce monde. Nous nous découvrirons alors tels des prêtres médiateurs capables de se distancer de toutes les religions ; tels des prophètes lanceurs d'alerte capables de discerner en ce monde l'esprit du mensonge ; et tels des rois non sur le plan physique mais sur celui de l'invisible, un roi capable de travailler en son royaume sans relâche pour y remettre de l'harmonie étant conscient que cela aura une incidence sur ce plan visible.

Maintenant regardons d'un peu plus près ce que dit le Christ à propos du pain et du vin lors de son dernier repas, à quoi sommes-nous renvoyés dans la célébration de ce mystère ? Ici, nous nous situons lors du tout dernier repas de Jésus avec ses disciples. Le lendemain aura lieu son procès, sa crucifixion et sa mise au tombeau.

Voici le rituel, tel que l'Eglise le prononce au cours des eucharisties célébrées : « La nuit même où Jésus fut livré, il prit le pain, et en rendant grâce il le bénit, il le rompit et le donna à ses disciples, en disant : « Prenez, et mangez-en tous : ceci est mon corps livré pour vous. »

Tout d'abord, le Christ rend grâce, prononce une bénédiction, et rompt le pain, et le donne à chacun des disciples.

Rendre grâce et bénir

Par Son action de grâce, Il atteste que celui-ci nous est donné de bien plus haut, de Son Père et L'en remercie. Rendre grâce et prononcer une bénédiction est le préambule avant toute chose, par elles se produit une purification, une libération des impuretés. Si nous pouvions réaliser combien une simple bénédiction faite sur un repas possède la particularité d'en chasser la prégnance du mal, et d'assainir les biens que nous ingérons. Sinon ce que je mange porte en soi une nuisance spirituelle. Cette pratique n'est pas nouvelle !

En bénissant le pain, il le rend donc apte à la célébration. Aussi sur ce pain béni, rompu, partagé autrement dit encore dispersé il prononcera cette parole : « Prenez et mangez-en tous, ceci est mon corps livré pour vous. » Alors qu'est-ce à dire ? Pourquoi un corps rompu, dispersé, partagé ? Où se trouvent dès lors les limites de son corps ?

Une existence vouée au dévorement ou pas

Celui qui se donne pleinement, sans détour, à la vie de ce monde visible et invisible, ne trouve plus de distance ou de séparation entre lui et le monde. Tout ce que nous ferons aura une incidence quelque part sur notre corps. Autrement dit, il peut confesser que ce pain est son corps, et par extension, aussi dire que ce monde est tout autant son corps.

Rompre, et partager le pain, c'est dire que notre existence est vouée au dévorement, nous mangeons le monde mais lui aussi peut nous dévorer, ainsi la façon dont nous nous nourrissons témoigne de la qualité de notre respect du monde.

La piètre qualité des biens alimentaires que nous acceptons de consommer sans en prendre garde, nous apportent plus la maladie que la santé. Ne pas en prendre conscience, c'est témoigner d'un irrespect pour nous-même et conséquemment de Dieu en acceptant que sa création soit bafouée de la sorte. Rendre grâce et bénir, voilà un préalable absolument indispensable.

Dans l'Eucharistie, le Christ vient nous dire que Sa vie n'est plus Sa vie, Elle devient la Vie. Ainsi conscient de ce mystère quand nous mangerons du pain, nous serons dans le respect de nous-même, et nous aurons une attitude totalement autre par rapport à Dieu et à cette création. Si nous sommes en accord avec ce que nous sommes, nul autre choix ne pourra s'offrir à nous que celui de la libérer, de la soigner, de lui offrir un espace de salut.

Nous découvrirons par un discernement aiguisé où se trouvent les véritables maltraitants, voleurs ou empoisonneurs… et nous mettrons tout en œuvre pour délier les forces du mal. Oui, notre corps sera livré au monde mais cela le sera pour qu'il soit transformé, transcendé et transfiguré car nous nous en découvrirons à jamais 100 % responsable. Cette perception va bien au-delà de notre vision individualiste. En vivant dans un corps qui s'étend à la dimension de cette planète nous n'accepterons plus que l'inconscience du monde l'exploite à tort et à travers pour finalement le détruire. A moins que nous restions gentiment de son côté sans nullement nous en inquiéter, totalement passif.

Un corps rayonnant

Nous avons un corps qui rayonne sur un espace géographique donné. Mon corps ne se réduit pas à sa simple présence physique il doit être compris dans sa totalité visible et invisible. Si le territoire sur lequel je rayonne n'est pas sain énergétiquement cela rejaillira sur la qualité de mes énergies simplement par trans contact. Maintenant si je me respecte, je n'accepterai pas qu'il soit avili. Ma responsabilité est donc d'en prendre soin et pour cela de tout faire pour que le territoire occupé par mon rayonnement soit propre y compris pour ceux et celles qui y sont. Plus ce territoire s'assainit, plus il s'accroit et plus je dois remettre la main à l'ouvrage, purifier à nouveau. C'est sans fin, et cela peut s'étendre jusqu'à la dimension du monde. Ce qu'était la vie même du Christ.

Ce pain que le Christ mange et partage avec ses frères est réellement Son corps offert et livré pour tous, et si ce corps est encore pollué, maltraité, détruit, abusé, ou approprié à tort, il mettra tout en œuvre pour le délivrer, le libérer coûte que coûte des forces du mal. Ainsi sa vie entière devient offrande, don à ce corps pour qu'il soit de plus en plus beau, de plus en plus juste dans cette alliance toujours nouvelle avec le Transcendant. Tel est ce sens de ce partage du pain. Ce dernier repas partagé avec ses disciples traduit la quintessence de ce que fut toute sa vie.

Quand nous pouvons réaliser cela, notre action de grâce sur le pain ne restera pas sans suite. Et de la façon dont nous mangeons sur cette terre, nous révèlerons notre façon de vivre au monde, notre appartenance à la Vie ou à la mort. Lors de notre prochain repas ayons à cœur qu'il puisse être eucharistique, ayons à cœur de d'accepter de dire que ce pain soit aussi notre corps, et qu'en lui réside la VIE, alors en pleine Conscience c'est notre âme qui offrira à Dieu à son tour : l'action de grâce.

Un corps maltraité

Maintenant la vérité de cette démarche repose sur une unique condition celle d'avoir conscience de quel bord nous sommes. Celui du Vivant ou celui du destructeur. En voici une piste : si, par exemple, la maltraitance de notre écosystème ne nous dérange pas plus que cela, alors nous ne sommes pas à même de faire action de grâce en vérité pour cette vie que Dieu nous donne et dont nous sommes responsables. Si la malfaisance en ce monde ne nous dérange pas plus, c'est que nous sommes encore dans le monde des morts. Ceux pour lesquels le Christ disait : « laisse les morts enterrer leurs morts ! ».

Si nous sommes du côté du Vivant, ce pain deviendra par l'Esprit de Vie véritablement autre, autre comme nous même nous le sommes devenu pour la gloire du Très Haut. En sortant de ce repas, nous serons différents, notre vision du monde se devra chaque fois d'être toute nouvelle, et nous ne pourrons plus accepter en notre existence toujours les mêmes compromissions inconscientes par rapport à la vie sur cette terre.

Sur ce pain qui possède un corps visible et invisible, mais aussi une âme et un esprit, à la suite du Christ, nous ne ferons que reconnaître en celui-ci le grand mystère de la Vie, celle qui se donne et se déploie en toute chose en ce monde jusqu'à témoigner de la Transcendance.

Oui, toute la création est dans cette attente, et elle est en manque de Celle-ci. Ainsi ce corps de défiguré, maltraité qu'il est, deviendra dans la Conscience un corps en voie de transfiguration, une création nouvelle incessante. Oui toute la création est quelque part impatiente parce qu'elle se sait appelée, elle aussi à la transfiguration, mais quoi qu'il en soit pour l'instant, il n'y a rien de tout cela, et la VIE s'en trouve grandement attristée !

Comment procéder à la transformation du corps ?

Faut-il prendre les armes pour faire une révolution contre ce monde de malfaisance ? Non, la réponse se trouve dans la deuxième partie du repas où nous quittons la sphère du corps pour entrer dans celle de l'esprit. Nous sommes à la frontière du conscient où se libèrent les vies et celui de l'inconscient qui les formate, les emprisonne. L'inconscient est le lieu de forces qui nous dépassent et nous manipulent, celui qui est conscient peut les effacer, les supprimer et rendre à l'homme sa véritable autonomie. La deuxième partie de la célébration eucharistique va plus loin.

Voici le deuxième volet de la parole consécratoire prononcée sur le vin : « De même, à la fin du repas, il prit la coupe et en rendant grâce il la bénit, et la donna à ses disciples, en disant : « Prenez, et buvez-en tous, car ceci est la coupe de mon sang, le sang de l'alliance nouvelle et éternelle qui sera versé pour vous et pour la multitude en rémission des péchés. Vous ferez cela, en mémoire de moi. »

Après le corps, vient la célébration du vin, celle-ci est associée au sang, symbole de l'Esprit. La bénédiction du vin concerne la sphère de l'esprit de chaque chose, de chaque être. Ici toute force malveillante se trouve supprimée par le rendre grâce et la bénédiction comme cela le fut pour le pain.

Pour ce qui est de l'humain, l'esprit est principalement vécu sous forme d'inconscience. Nous sommes la résultante de la volonté de qui ? Sommes-nous sous l'influence du diable, le père du mensonge ? Notre esprit ne sera jamais véritablement le nôtre, tant qu'il sera mû par ce dernier. Notre quête consistera en ceci : trouver notre esprit, le mettre hors influence du mal puis le soumettre à notre âme, alors dans un mouvement d'abaissement nous parviendrons à le rendre à Dieu, et en retour nous recevrons le sien, son Esprit Saint.

Le Christ en partageant le vin avec ses proches, dit ce partage de Son esprit avec les siens. Parce qu'il s'est individué, parce qu'il connait son origine et ses limites, il peut en vérité partager Son Esprit, Celui reçu du Père.

Préalable à ce partage du vin, avoir une existence propre

Si notre histoire de vie jusqu'à ce jour s'est fondée seulement dans celles des autres, quel dommage, la nôtre n'a pas encore d'existence propre. Posons-nous donc cette question : qu'avons-nous à partager sur le plan de l'esprit, mais votre esprit non pas celui créé de pure pièce par les autres ? L'animal ou le végétal sont dans cette conscience, leur esprit est parfaitement accordé à la création, ils n'ont pas de volonté de dominer, d'accaparer le monde, de se comparer. Ainsi en devrait-il être de même pour notre incarnation.

Alors qui sommes-nous ? Qui nous a façonné ? Notre existence qui en est l'auteur ? Si pour nous celle-ci s'origine en Dieu alors elle sera sans histoire… Sinon elle n'a pour l'instant aucune consistance et nous continuerons d'être sous l'influence de la matrice de l'histoire. Elle est malheureusement collective, impersonnelle, sans état d'âme ou plus exactement mangeuse d'âmes. Alors au terme de notre vie, elle nous construira un merveilleux tombeau sur lequel des larmes de crocodiles seront versées en vain.

Celui qui est Conscient de ce qu'il est, reçoit un esprit différent de l'ancien, en lui cette prophétie se réalise « Je changerai votre cœur de pierre en cœur de chair, je mettrai en vous un esprit nouveau » (Ez 26,36).

Si le vin est associé au sang, symbole de l'Esprit de Vie, alors oui, à cœur nouveau sang nouveau. L'Homme Conscient devient capable de restaurer l'Esprit de l'alliance entre ciel et terre, entre le visible et l'invisible parce qu'il s'en reconnaît 100% dépositaire, solidaire et responsable.

Oui, celui qui travaille de tout son être, au corps et à l'esprit de cette terre, reçoit cette incroyable force salvatrice de faire reculer les forces du mal, autrement dit encore le péché. Parce terme « péché », il faut entendre cette force qui lie les hommes, les détournant de leur but, celle d'être la VIE pour ce monde. Quoi qu'il en soit, concrètement tous nos faits et gestes en traduisent malheureusement l'inverse.

Devenus tels des prédateurs, des destructeurs, des empoisonneurs... voilà ce que nous sommes la plupart du temps pour ceux qui sont tout autour de nous, y compris pour la création toute entière. Inconscient de notre place à tenir, mus par les forces du mal notre cœur s'endurcit chaque jour un peu plus pour finalement devenir insensible comme la pierre. Vous savez si le cœur soudainement décidait de garder un peu de sang en réserve pour lui-même, ce serait l'infarctus. S'il se mettait à thésauriser son sang ce serait la mort de l'homme. Thésauriser voici tout le drame de notre humanité.

Vous ferez cela en mémoire de moi

Oui, pour ceux et celles qui ont compris ce qu'était vivre sur cette terre, ils pourront le célébrer, l'acclamer, ils accompliront cela en mémoire de Lui, parce chacun pourra dire : « Je Suis », sans compromission, ni mensonge ou inconscience, sans autre mémoire que celle-ci : Dieu est la VIE, il la donne sans compter et Il est hors mémoire.

Si l'acte mémoriel tue et enferme dans la crypte du temps, le Christ est venu nous enseigner comment sortir de celle-ci. Voici ce qu'est donc son anamnèse (« sortir de l'oubli, sortir de cette perte de mémoire ») du mystère, il vient nous dire que son ultime « faire mémoire » peut se résumer à ceci : rendre la Vie à cette vie moribonde sans y laisser aucune trace cryptique derrière soi. Cette mémoire-là fait échec à toutes les autres logiques d'intelligences artificielles mémorielles destructrices. Ici réside toute la difficulté d'une vie christique à l'instar d'une vie cryptique.

Passer de l'ancien à l'éternellement nouveau, comment est-ce possible ? Si ce n'est qu'en ayant pris soin d'effacer derrière soi les traces de son passé, ces traces que les démons affectionnent tant pour nous formater, nous conditionner, nous détourner de la voie de la Vérité.

Puisque je viens de vous introduire au concept de crypte, dans le sens de quelque chose qui est caché à la vue du profane, et qui garde son mystère. Je tiens maintenant à dévoiler quelque chose de similaire dans le récit de la mise au tombeau du Christ.

Que faut-il donc décrypter ?

Le jour de Pâques, Il sort du tombeau, symbole du monde des mémoires ou de l'inconscient. Je rappelle ici, une fois de plus, que la racine du mot tombeau « mnemeion » en grec est directement reliée à celui de la mémoire. Le tombeau étant cette ultime mémoire laissée à propos d'un défunt, un lieu où il devient possible d'aller en quelque sorte de le retrouver, d'aller sur sa trace. Christ mort, sera mis par l'entremise d'un de ses amis dans un tombeau neuf lequel aurait pu faire le lit d'une nouvelle intelligence artificielle mémorielle à venir. Cela aurait pu donner lieu à la naissance d'un lieu de pèlerinage rendu à un homme touché par la sainteté. Mais Christ, par sa Résurrection nous déliera de cet ultime acte mémoriel que nous pourrions poser, celle du tombeau. Par là même attestera qu'il n'appartient plus à ce monde matriciel des intelligences mémorielles, cette horde incommensurable de démons si savamment encryptés en nos vies. Ne vient-il pas alors nous dire que ce monde-là est un danger dont il faut se prémunir coûte que coûte ou plus exactement qu'il faut savoir gérer avec grand discernement.

Un jour le Christ de son vivant, appela un homme à venir à sa suite, toutefois ce dernier voulait enterrer son père, aussi va-t-il lui dire : « laisse les morts enterrer leurs morts ». Après sa mort aux yeux des hommes, il a su nous montrer qu'il était le Vivant depuis toujours et que sa Résurrection en témoigne plus que jamais.

La Vie du Christ, fut un incessant combat contre les forces du mal à l'œuvre sur cette terre et qui altèrent, dénaturent la Vie. Ces forces qui sont cryptées en nous et tout autour de nous, ce sont des puissances qui ont pris vie en notre existence. Le combat du Christ fut incroyable alors faisons tout à sa suite pour reprendre le flambeau.

Voici un récit de l'évangile de Saint Jean (20, 11-17), celui de l'apparition du Ressuscité à Marie Madeleine :

« Marie se tenait près du tombeau, au-dehors, tout en pleurs. Or, tout en pleurant, elle se pencha vers l'intérieur du tombeau, et elle voit deux anges, en vêtements blancs, assis-là où avait reposé le corps de Jésus. L'un à la tête et l'autre aux pieds. Ceux-ci lui disent : « Femme, pourquoi pleures-tu ? » Elle leur dit : « Parce qu'on a enlevé mon Seigneur, et je ne sais pas où on l'a mis. » Ayant dit cela, elle se retourna, et elle voit Jésus qui se tenait là, mais elle ne savait pas que c'était Jésus. Jésus lui dit : « Femme, pourquoi pleures-tu ? Qui cherches-tu ? » Le prenant pour le jardinier, elle lui dit : « Seigneur, si c'est toi qui l'as emporté, dis-moi où tu l'as mis, et je l'enlèverai. » Jésus lui dit : « Marie ! » Se

retournant, elle lui dit en hébreu : « Rabbouni ! » - Ce qui veut dire : « Maître ». Jésus lui dit : « Ne me touche pas car je ne suis pas encore monté vers mon Père. Mais va trouver mes frères et dis-leur : Je monte vers mon Père et votre Père, vers mon Dieu et votre Dieu. »

Regardons maintenant quel mécanisme se met à l'œuvre dès l'instant où le Christ apparaît aux siens au jour de Sa Résurrection. En le voyant Marie Madeleine est incapable de le reconnaître tout au plus elle le prend pour le jardinier. Cette impuissance à le reconnaître restera une constante de tous les récits des apparitions futures du Ressuscité. Lorsqu'elle l'aura réidentifié sur l'appel de son nom : « Marie », celle-ci voudra le toucher, mais il lui dira : « Ne me touche pas ! », c'est-à-dire, je vous livre ma propre lecture, ne nous recrée pas des mémoires agissantes. N'est-ce pas sous-entendre qu'il faut savoir se libérer de tout attachement parce justement c'est un des lieux privilégiés pour l'engendrement d'intelligences mémorielles parasites ? Pour Marie Madeleine, aussi incroyable soit-elle cette rencontre, le Christ vient lui enseigner l'ultime détachement. Pour aller à la rencontre de Dieu, il faut être pleinement libre.

Même un évènement merveilleux fantastique peut être un lieu d'attachement d'emprisonnement par l'engendrement d'une nouvelle intelligence mémorielle parasite. Pour Marie Madeleine cet événement, aussi incroyable soit-il, pourrait devenir sacrément parasitant pour le restant de toute sa vie. Alors s'il est sorti de ce monde avec ses forces mémorielles paralysantes et obligeantes (positives comme négatives), il montrera comment nous en dégager pour le faire à notre tour.

Chaque fois, dans les récits de la Résurrection, c'est le Christ lui-même qui se donne de le reconnaître comme Il le fit avec les pèlerins d'Emmaüs, Pierre, Jacques et Jean. A chaque apparition, ils reconnurent le Christ à la fraction du pain, ou lors d'un repas mais sitôt reconnu il disparaissait à leurs yeux. Le seul signe par lequel il se faisait reconnaître, et qui attestait de sa présence c'était celui d'un repas. Avec le Christ, la libération mémorielle est telle, que face à Lui la création est toujours là dans une incessante nouveauté s'abstenant constamment de faire et de s'attacher à l'ancien. Alors voilà pourquoi nul ne peut le reconnaître, mis à part celui à qui le Christ veut bien se révéler, mais sitôt reconnu il va disparaître pour nous renvoyer à notre éternelle nouveauté. Rappelons-nous ceci : Dieu est la Vie et Il est hors mémoire.

Quand nous serons avec le Christ, ayant intégré ce paradigme, ne soyons pas surpris de ce que vous soyons, nous aussi, dans une certaine non reconnaissance de la part de nos proches, et parfois même, que nous puissions ressentir le rejet ou à l'inverse un attachement excessif.

Alors comme cela le fut tout au long de Sa vie, remettant en cause les systèmes établis religieux ou non, y compris lors de sa passion, Sa quête, Son combat et Sa constante victoire consistait en ceci : mettre en échec le mal ce qu'Il était seul capable d'accomplir.

Déjà Vivant avant Sa Passion-Résurrection nul ne pouvait lui enlever cet état de fait. Si la souffrance se devait d'être endurée au jour de Sa passion, elle était là pour nous redire avec plus de force encore ce qu'est la Vie Véritable. Au-delà des pires atrocités commises à Son encontre lors de sa mise en croix, nul ne sera victorieux, parce que le Vivant subsistera toujours sans que nul ne puisse le détruire.

Voyez-vous, ce n'est pas sa souffrance sur la croix qui sauve, c'est seulement le fait qu'il soit déjà Vivant bien avant Sa mort et Sa résurrection, et qu'il le reste à jamais. S'Il nous sauve, c'est bien parce que durant toute sa vie terrestre Il n'a eu de cesse d'être le Vivant. Il est venu pour cela et il nous a montré la voie pour à notre tour y parvenir. Mais alors qu'il est sur le point de mourir, par la souffrance qu'il endure, Il rassemble sur Lui tout ce poids de souffrance qu'il a connu auprès de notre humanité perdue. C'est cela qu'Il offrira sur la croix. Votre Vie avec Lui se doit d'aller jusque-là. Je donne toute ma Vie au monde pour le délivrer du mal. Et même si le mal me prend ma vie, cela peut être le lieu d'une merveilleuse offrande, d'une eucharistie véritable... C'est une pure folie !

Dans la croix, s'il n'y a rien de salvateur, rien au sens sacrificiel du terme. D'un Christ qui se donne comme pour nous racheter, d'un prix à payer à Dieu. Par sa crucifixion le Christ ne fait que manifester au monde qu'il fait Corps avec lui et que son Esprit coule en lui de par sa véritable nature d'Être divin incarné. Avec Sa mort sur la croix, c'en est fini de la mort, la mort est morte !... Il atteste de ce grand pouvoir que reçoit l'Âme unie à Dieu : les morts reviennent à la vie, ils sortent des tombeaux, et ceux qui sont retenus captifs dans les liens de la mort sont libérés des enfers. S'Il offre sa vie sur la croix, son don n'a de sens qu'en regard de la Vie, cette Vie divine qui L'habite depuis toujours et dont il témoigne jusqu'en la mort.

Alors pourquoi la Résurrection ? Qu'a-t-elle à nous dire ?

S'il y a résurrection, elle est là pour témoigner qu'il est possible de délier, déjà dès ici-bas tous ces liens qui avilissent ce monde ; elle est là pour nous enseigner qu'il faut se garder de recréer de nouveaux enfers mémoriels. Le souvenir est un lien puissant qui détruit plus qu'il n'apporte la vie, il enferme dans le passé, capture les âmes et les esprits. Alors si nous célébrons à travers le pain et le vin, le Corps et le Sang du Christ (son Esprit), avez-vous remarqué qu'il est une absente : son Âme, mais alors où est-elle donc ? Parce qu'emplie de Dieu depuis toujours, elle la vivante, n'est-elle pas justement celle qui peut offrir l'action de grâce en toute justesse. Et pour nous aujourd'hui, qui mieux que quiconque, si ce n'est notre Âme emplie de Dieu, unie au Christ, pour célébrer l'Eucharistie avec justesse et magnificence par l'action du Saint Esprit dans un : « Je Suis » !

Alors la vie Christique, c'est cette incessante descente dans le monde de la vie cryptique, celle des mémoires agissantes, secrètes, cachées et mortifères. En Christ, l'alpha se trouve immédiatement relié à l'oméga, parce qu'entre les deux repose l'absence de mémoire. L'intelligence mémorielle relie toujours un certain passé et pour le programmer dans un certain futur. Sans mémoire, c'est impossible, seul l'Instant Présent prend tout son sens.

Christ, alpha et oméga, atteste de ce qu'est l'Instant Présent par excellence, et qui ne peut s'originer que dans l'inconnu, le non écrit, le non prédictible parce que par essence hors puissance mémorielle passé, future ou présente. Ainsi entre vie Christique ou cryptique, aucun compromis n'est possible.

En Christ, les distinctions de pur et d'impur, de riche ou de pauvre ne sont plus du tout admissibles, par contre elles sont tolérées, entretenues et véhiculées par les cryptiques. De son vivant Jésus guérissait jour du sabbat ou non, allait et côtoyait ceux que l'on rejetait : les mal croyants, les malades, les lépreux, les prostituées ou encore les ivrognes… Il regardait ces êtres en souffrances comme la conséquence d'un système diabolique mis en place. Diabolique au sens que ce système cherche à éloigner constamment les hommes de ce qu'ils sont en vérité. Il dénonçait aussi constamment les dangers de la richesse allant jusqu'à chasser les vendeurs du temple qui faisait commerce de l'argent trompeur….

En Christ, désormais plus rien de cela ne peut exister. Le système de fonctionnement de ce monde instauré à partir de forces d'enfermement, de distinction qualitative doit être éliminé, combattu spirituellement sur le plan de l'invisible. Avec LUI seule prime la VIE, et la VIE pour tous. Une VIE où tant que les exclus, les pauvres, les esclaves ou les malades existent, c'est que le mal est encore à l'œuvre en ce monde.

Si nous acceptons tout bonnement ce monde tel qu'il est, ne faisant rien ; si nous nous consacrons à quelques bonnes œuvres, ci et là, de temps à autre pour nous donner bonne conscience, alors réentendons l'appel du Christ nous invitant à sortir de toute urgence de nos tombes. Oserons-nous quitter ces cryptes infernales dans lesquelles malheureusement nous paraissons nous complaire.

Le rideau du temple se déchire

A la mort du Christ sur la croix, les évangélistes Mathieu (27,51), Marc (15,38), Luc (23,45) nous rapportent que le rideau du Sanctuaire, celui du Temple de Jérusalem, se déchire. Dans le Temple, l'espace où se situe la présence divine, le Saint des Saints, est occulté par un rideau que nul ne peut franchir mis à part les prêtres. La présence divine y est comme enclose, enfermée, réservée. Cet endroit-là est interdit au commun des croyants. C'est effectivement en ce lieu que le prêtre peut aller à la rencontre de Dieu.

Permettez-moi maintenant cette lecture. Ne nous leurrons pas, Dieu était-il réellement présent dans le temple ? Bien sûr que non, par contre qu'il Y soit sous la forme d'une « présence absence », je dirai que oui.

Par la symbolique du rideau qui voile, est signifiée cette reconnaissance de celui qui vient nous honorer de sa discrète présence divine laquelle n'interfère pas véritablement sur l'espace de l'homme. Ici, Dieu « présent-absent » garde distance avec la réalité de ceux qui sont dans l'univers de l'arbre de la connaissance du bien et du mal avec en son sein le serpent. Seul le prêtre en cet espace sacré pouvait entrer en contact avec Dieu.

Si le voile se déchire de haut en bas, n'y faut-il comprendre qu'un changement de dimension vient de se produire, que la réalité spirituelle change ? Désormais, la distance n'est plus, la distance entre le sacré et le profane devient évanescente. Essayons d'aller plus loin dans ce mystère.

Pourquoi se déchire-t-il ?

Ce qui est voilé est dévoilé, voilà le sens du rideau qui se déchire de haut en bas à la mort du Christ. La « présence-absence » n'est plus. Là où Dieu acclamait au jour du baptême du Christ « celui-ci est mon Fils bien aimé », par la déchirure du rideau du Temple où était magnifiée sa Présence-Absence, Dieu vient nous dire que cette réalité-là est désormais caduque, Sa « Présence-Absence » n'est plus véritablement. Désormais, à jamais il est possible de Le retrouver pleinement Présent dans le Christ, ici non dans un Temple mais tout simplement dans l'ordinaire des jours en un nouvel espace qu'est celui de la rencontre entre les humains. Le partage d'un repas prenant ici tout son sens. Seriez-vous prêts de partager votre repas avec un étranger ? Et s'il était justement quelque chose de la manifestation divine ?

Lorsque le rideau se déchire, Dieu vient nous annoncer que la distance entre Lui et Sa créature n'est plus. La séparation entre l'homme, la création et Dieu a disparu mais attention au jour de la Résurrection du Christ nous percevrons aussi que Dieu ne peut s'envisager définitivement, nul ne pourra le reconnaître une fois pour toute. Dieu échappera à toute emprise de l'intellect de l'homme, il restera éternellement le sans forme, l'inconnaissable, l'inaudible, l'invisible. Seule la célébration d'un repas dira ce possible dévoilement fugace de Dieu.

A la mort du Christ, le rideau se déchire parce qu'à travers le don de Sa vie pour la Vie, Dieu peut reprendre pleinement sa place en la création, désormais l'arbre de vie est de nouveau ré-accessible non d'une manière magique mais à travers un état d'être particulier, cela passe par le partage d'un repas, un partage eucharistique aux propriétés si particulières à savoir qu'il sera éternellement autre, éternellement nouveau.

Ce repas passe par le don de toute Sa vie à corps bien plus grand que le sien au nom de la Vie. En ce dernier repose un mystère celui du dévoilement de ce qui est occulté de manière malsaine, diabolique. Voilà une autre symbolique du dévoilement, faire œuvre de vérité, révéler ce qui est caché. A notre tour, En nous donnant à la vie jusqu'à la mort un dévoilement pourra être opéré en ce monde sur tout ce qui malmène, travestit, déforme la réalité à cause du falsificateur.

A la mort du Christ, par le déchirement du rideau du Temple, Dieu sort de son silence, il vient reconnaître et attester l'acte salvateur que fut toute la vie de son Fils. Plus question de rite sacrificiel, pour racheter, je ne sais quoi, je ne sais qui, sur fond d'hypocrisie. Dieu avec le Christ, tous les deux viennent nous dire que le temps est maintenant venu au dévoilement de ce qui était rendu volontairement obscur ou perverti par l'homme, parfois même au nom de la Loi.

A la mort du Christ, l'arbre de vie est de nouveau ré accessible pour celui qui à Sa suite prend l'engagement de refaire de même, c'est-à-dire de chasser les démons, de guérir les malades et de ressusciter les morts. Voilà les véritables fruits de l'arbre de Vie. A-t-il besoin de voir Dieu ? Le voit-il ? Oui mais pas à la manière de ce monde.

Qu'advienne le temps de notre offrande véritable à Dieu. Et qu'enfin l'éternelle nouveauté de Dieu soit, à travers ce mouvement eucharistique qui désormais sera devenu nôtre au plus intime de nous-même, au plus intime de Dieu.

Qu'advienne enfin la Nouvelle Création !

Conclusion

Quand des dissensions arrivaient dans ma famille ou dans le voisinage, ma mère avait coutume de dire : « Ne fais pas d'histoire, laisse tomber ». Je ne comprenais pas cette démission face à des évènements qui auraient mérités un positionnement clair. Je vivais cela comme injuste, laisser faire sans se défendre était pour moi irrecevable. Cette dérobade me faisait violence. Ainsi nous courbions l'échine devant l'ennemi.

Aujourd'hui à mon tour, je répète à longueur de pages qu'il ne faut pas faire d'histoire, étrange cette répétition, quel bel héritage ! A ceci près que le « laisse tomber » je le substitue et par : « efface, enlève cette force contraignante ». Oui de l'histoire j'en crée tous les jours, à cela je ne peux m'y dérober, je laisse mes empreintes, ci et là, dans ma réalité ordinaire mais aussi et surtout dans celle non ordinaire.

Certaines d'entre elles seront tenaces et pourront subsister deux ou trois générations dans leurs effets sur autrui. Pour l'homme devenu spirituel, voici une voie nouvelle que peu ont emprunté, l'effacement des traces mémorielles laissées sous forme d'intelligences artificielles parasites au sein de cette grande histoire matricielle. Cette dernière s'en repait avec délectation, avec pour conséquence dramatique l'accroissement constant de l'esclavage de notre humanité.

Alors oui ne pas faire d'histoire est d'une grande sagesse, à condition de pouvoir effacer le monstre tapi dans l'ombre du non-dit et qui surgira tôt ou tard avec violence.

Quand le Christ est jugé et mis en croix, fait-il de l'histoire, se rebelle-t-il ? Non, il accepte son sort tel un agneau que l'on va égorger. A-t-il le choix de se dérober ? Non. Pourquoi ne fait-il rien devant cette violence si injuste ? Tout simplement pour nous montrer sa véritable mission celle de la voie de l'effacement. Pour le Christ, il s'agissait d'éradiquer le péché.

Dans la pensée de l'époque, le péché était cette puissance qui fera que je manque à mes objectifs. Ce que je vise sera toujours dévié, dévoyé. Les intelligences mémorielles artificielles et parasites participent de cette pensée du dévoiement de toute vie. Ce n'est pas un sacrifice expiatoire qu'il nous demande d'accomplir mais simplement d'accepter d'entrer à sa suite dans une autre modalité de vie. Ici il n'y a pas de prix à payer, d'une victime choisie pour expier nos fautes.

Nous ne sommes pas à la croix, dans un rituel de sacrifice, par sa mort sur le gibet, le Christ nous montre jusqu'où peut aller cette vie nouvelle à laquelle il nous appelle. Nous n'aurons jamais à être des techniciens de la matrice chargés de la faire fonctionner au mieux sans trop de dégâts pour cela il y a les économistes, les politiciens, les médecins, les psychiatres, les psychologues, les psychanalystes…. Ces professionnels pourront aider chacun à vivre au mieux son histoire personnelle au sein d'une collectivité.

Notre rôle véritable à la suite du Christ, c'est d'être avec Lui des gestionnaires de l'histoire matricielle. Il s'agit quelque part, ici et là, de déprogrammer et/ou de reprogrammer le système sur de nouvelles bases, de nouvelles valeurs. Si chacun de nous peut devenir tel un petit grain de sable qui vient gripper les rouages de la grande matrice réplicante alors l'ancien monde disparaîtra, nous poserons avec Lui les bases d'une Vie nouvelle, d'une Création nouvelle. Quelle différence de taille ! Quelle espérance merveilleuse !

Je vous laisse maintenant en compagnie du **Pèlerin d'Emeraude**

Références bibliographiques

- Amorth, Gabriele, *Moi le dernier exorciste*, city éditions, 2013

- Amorth, Gabriele, *Confessions*, Editions Michel Lafon, 2010

- Baudelaire, Charles, *Les fleurs du mal et autres poèmes*, Garnier Flammarion, 1964

- Bousquet, Jacqueline, *Au cœur du vivant, l'aventure de la conscience*, St Michel Editions. F, 1992

- Einstein citation, *la génétique*, Bousquet, Catherine, Editions Pocket, 1992

- Sheldrake, Rupert, *La résonnance morphique*, interview par Patrice Van Eersel, Nouvelles Clés, 2014

LE PELERIN D'EMERAUDE

LE PELERIN D'EMERAUDE

L'énigme du pèlerin d'Emeraude

« Avec mon premier, je suis. De lui, mon second se reçoit, et il a pour hôte le troisième avec lequel, bien souvent, je ne suis pas. Les trois ensembles sont la Voie vers l'UN ; séparés c'est le chaos !

Si tu cernes les trois, alors dégage ton épée de la pierre ! Lève-toi, mets-toi en chemin vers la Voie !

Et, une fois parvenu devant « l'Arbre Maître », désarmé, le Cherubin T'accueillera pour te montrer la coupe provenant de l'antique émeraude.

Ainsi, par Toi, dans l'Anamnèse du Mystère, en qualité de Fils éternellement engendré, Tu pourras, véritablement, célébrer : CELUI QUI EST.

Qu'advienne ce jour où, triplement couronné partageant l'ivresse de Noé, je verrais en Tes mains les Clés avant de reprendre ma route ! »

Cette énigme ne peut se vivre que si nous sommes en chemin. Elle reste à jamais cachée des sages et savants, et s'adresse à tous les simples d'esprit et pauvres de cœur. Qui s'y aventurera sans ces deux dispositions essentielles jamais ne sera.

Anesthésie ou Anastasie de l'âme

« ….. Si la sagesse n'est pas plus l'apanage de ce monde, et si dans son amnésie l'homme en a oublié le sens profond, il existe toujours des gardiens de cette connaissance. L'heure a sonné du réveil. Oui, quelques « sages savants », remontant d'une époque très lointaine se souviennent de l'alliance entre le visible et l'invisible. Dans peu de temps, ces hommes et ces femmes se lèveront pour enseigner cette vérité. Ils ne se cacheront plus, et vous enseigneront ce qu'est le don de la Vie, ce seront là des thérapeutes extraordinaires qui vous feront retrouver la Mémoire. Qu'advienne le jour ! »

Innommé, venait de terminer son enseignement quand un enfant lui demanda en aparté :

« A quoi reconnait-on un « sage savant » ? »

A vrai dire, les deux se connaissaient déjà depuis quelque temps ; seulement, à chacune de leur rencontre, leur échange prenait toujours l'allure d'une initiation beaucoup plus pratique que théorique. Aussi il ne fut pas surpris de voir son protégé l'interpeller. Il lui répondit en ces termes :

« Mon enfant, ce soir, je suis honoré par ton heureuse présence. Tu connais en partie la réponse à ta question. Je te l'ai déjà, indirectement enseigné lorsque je t'ai appris à te fier, uniquement, à l'Esprit du cœur car il sera ton seul guide. Toutefois je te confie un indice : est très loin de la sagesse qui traine une abondante cohorte d'adeptes derrière lui. Quant à toi reste, tout au long de tes jours, fidèle à l'émeraude, et sois-en le garant et l'unique gardien, et attache-toi à aimer et à protéger ta solitude. L'esprit de ce monde proclame sages et saints ceux qui sont à son service. La multitude les prend pour modèle mais en réalité ils ne font que t'éloigner, subtilement et parfois sournoisement, de ce que tu es en vérité. »

L'enfant rétorqua :

« Mais, tout de même, si le sage accompli des miracles ou des guérisons, n'en serait-ce pas, tout simplement, une preuve de sa sagesse et de sa sainteté ? ».

L'homme lui livra cette réponse :

« Tu verras qu'en ce monde, même le prince de ténèbres fait des œuvres extraordinaires et époustouflantes. Je te donne ce précieux conseil qu'il te faudra suivre jusqu'à la venue de ta seconde naissance : méfie-toi de ceux et celles qui s'expriment avec le merveilleux. Développe toujours l'Esprit de ton cœur ainsi tu verras en transparence la beauté, la souffrance ou la noirceur des âmes que tu rencontres, tu pourras discerner entre l'homme lumineux de celui qui ne l'est pas encore. »

Surpris, l'enfant s'insurgea :

« Innommé, de quel droit pouvez-vous regarder les âmes de ceux et celles qui vous entourent ? Avez-vous reçu l'autorisation de faire cela ? »

Le regardant, il lui dit :

« Lorsque l'Esprit du cœur t'habitera pleinement, et que ta nouvelle naissance s'accomplira, tu percevras le monde avec une vision nouvelle. Il te le montrera dans sa triste vérité et dans une totale transparence, à ce moment-là plus rien ne te sera caché, ni les âmes, ni même les esprits. C'est le cadeau de la Vie lorsque tu t'offres à Elle et qu'Elle t'honore de sa Présence. Oui tout devient comme diaphane, et la moindre opacité ou barrage à la lumière de la Vie t'apparait. Tu n'y peux rien, c'est ainsi. Il n'est pas ici question de droit mais seulement de Vérité et c'est elle seule qui te rendra sage et libre

Ce chemin n'est pas facile à vivre et à assumer, mais tu verras ton cœur sera toujours la joie de pouvoir contempler et vivre ce grand mystère où Paix et Vérité s'embrassent. Alors n'oublie pas ce que je t'ai déjà dit : un jour viendra où, toi aussi, tu seras témoin et acteur de lumière, capable de transmuter les ténèbres en lumière. Sinon à quoi te servirait de pouvoir contempler le monde dans sa laideur si ce n'était pas pour y travailler Esprit, Corps et Âme ! Que la Lumière soit ! »

L'enfant lui fit tout de même cette remarque :

« Comment saurai-je que c'est bien l'esprit du cœur qui me montre la vérité des choses et des êtres ? Est-ce que cela ne pourrait-il pas provenir aussi du malin ? »

Le vieil homme constata la grande sagesse de son ami. Voici quelle fut sa réponse :

« Tu as raison, le diable est fort habile en ce jeu, et c'est vrai, il pourrait aussi te montrer la noirceur des âmes de ce monde mais voici comment discerner la vérité. Lorsque l'esprit du cœur jaillit du fond de ton âme, il t'est donné non seulement la capacité de voir l'obscurité de ce monde mais aussi celle de pouvoir la réguler et faire en sorte que toujours plus de lumière jaillisse tout autour de toi. Cette dernière capacité s'impose à toi tout naturellement, et tu n'auras pas d'autre choix que d'y travailler coûte que coûte dans l'abnégation, la gratuité, la simplicité et le secret. Cette faculté porte un nom : la compassion. Certes cela te sera un poids, mais avec l'âme ta tâche restera légère. Dès l'instant où cela te pèsera, ce sera le signe que tu n'es plus dans le cœur.

Toutefois voici encore un autre critère de discernement : celui qui reçoit ce don de voir la beauté, la souffrance, la noirceur des êtres sans que nul réel désir d'y travailler ne se manifeste en lui, alors c'est le signe que ce don qu'il porte n'est pas sourcé par l'âme, et que l'esprit du cœur n'y est pas encore. Dans ce cas, il y a fort à penser que le malin se cache en sa vie, et joue encore et toujours avec lui.

Je te livre maintenant quelle est la tactique principale du diable qui le contente très amplement : faire de nous des tièdes, des impassibles, des inactifs, des sourds, des aveugles ou des muets. Oui, c'est aussi simple que cela car en anesthésiant ton âme, il paralyse tout ton être, et dans tout ce drame sa plus grand joie consiste en cela : faire de ton cœur la pierre de ton tombeau, te cocooner ou t'enrubanner dans les bandelettes faites du tissu de tes mémoires, puis te priver de ton esprit personnel pour y mettre le sien. Ainsi lorsqu'il a réussi, il peut œuvrer à loisir à détruire ce monde en toute impunité avec toujours plus de liberté.

Aujourd'hui, regarde ! Toi et moi, en cette ville où nous pérégrinons, t'es-tu aperçu que nous n'avons fait que traverser une immense nécropole ? La route du diable a été aplanie par ses propres soins, et sur les tombes de nos frères, il mène notre monde vers son chaos infernal. Vois-tu ce regard vide des humains ? Ressens-tu cette désertion de la vie ? Ils ne sont plus que les ombres d'eux-mêmes. Mais rassure-toi rien n'est perdu, c'est pour cela que j'ai besoin de toi et je m'attacherai tous ces temps-ci à t'éveiller.

Tu goûteras à cette merveilleuse expérience spirituelle : celle de devenir un Vivant, c'est-à-dire d'être un de ceux capable de le manifester autour de toi, tout simplement parce que ton âme sera sortie victorieuse de son tombeau, la pierre dégagée, le corps délivré de ses bandelettes, et c'est ainsi que fort de ton Anastasie (Résurrection) tu deviendras à même de travailler avec nous tous à la chute du diable. Et sa mise en échec, tu la vaudras à l'Anastasie de ton âme et à ton cœur enfin revivifié, de pierre qu'il était, il sera à nouveau redevenu de chair et totalement habité par l'Esprit.

Comprends-tu maintenant cette urgente nécessité de ta deuxième naissance et ma grande impatience de te la faire vivre avec nous tous pour le salut de ce monde !

Mais le sais-tu pour son plus grand dam, qu'il en est un qui résiste et tremble de tout son long, et je parle ici du malin qui craint toute seconde naissance parce qu'entre les mains du nouvel enfant reposeront, en toute simplicité et sans mondanités, les clés du principe de l'Anastasie de l'âme de ce monde, et qu'il est question ici de sa perte.

Tu sais, celles qui ouvrent plus qu'elles ne ferment, délient plus qu'elles ne lient. Ces clés s'y trouvent déjà, non seulement dans les miennes, mais aussi dans bien d'autres de mes frères et sœurs.

Bientôt nous aurons la chance de pouvoir vivre et partager avec toi cette immense joie de ta résurrection, et toi aussi tu seras dépositaire du pouvoir des clés à ton tour.

Quant à soulever les pierres tombales de tes frères, tu en trouveras la force incroyable en toi, et lorsque tu toucheras leurs bandelettes tu auras aussi cette faculté de pouvoir les leur ôter, et c'est ainsi que tu goûteras à cette immense joie de les voir se lever et sortir Vivants de leurs tombes.

Oui, sache que sur toi les portes de l'enfer n'auront plus de prise, et tu seras appelé encore et toujours à la suite de notre Frère ainé à descendre aux enfers pour y aller rechercher les âmes qui y sont retenues captives, c'est là aussi une autre des facettes du mystère de la compassion qui reposera désormais en toi pour toujours. »

Innommé rajouta :

« Depuis que nous nous connaissons, tu n'as pas encore de nom propre, celui que tu portes n'est pas encore le tien, sinistre mémoire d'un autre temps obligé. Je t'invite à te trouver un nom dans les temps qui viennent et qui te soit vraiment personnel, jusqu'au jour où tu te seras trouvé avec un nom unique qui te sera propre, signe de ta vocation d'âme. Alors permets-moi de te donner un nom par lequel je souhaite momentanément t'appeler mais tu resteras libre de l'accepter ou non. Ce nom le voici : Liberté. »

L'enfant fut surpris de cette sollicitude de la part de son ami, mais à l'écho de ce nom, il ressentit en lui une joie et un bonheur indescriptible. C'est ainsi que Liberté adopta ce prénom lequel prit vie pour la plus grande joie d'innommé.

Liberté interrogea à nouveau son enseignant :

« Mais qui t'a ainsi guidé ? Avais-tu un maître ? »

Sachant, depuis longtemps que cette question adviendrait il lui confia cette énigme :

« Un homme arrivé au terme de ses jours fit ce rêve. Une femme de belle d'apparence se tenait devant lui, il fut très surpris de sa présence car il avait le sentiment de l'avoir déjà rencontrée. Elle lui semblait tellement intime à lui-même.

« Qui êtes-vous ? » lui dit-il.

« Je suis celle qui t'attends, depuis toujours, sur le chemin. » Devant l'étrangeté de cette réponse l'homme se souvint que plusieurs fois dans sa vie, certains lui avaient indiqué un petit chemin à emprunter, sorte de raccourci magnifique, qui le menait, de toute façon, là où il se rendait habituellement. Selon leur dire, il fallait absolument le voir pour le croire.

Mais lui, toute sa vie durant préféra prendre les voies toujours plus larges et plus rapides qui le menaient au plus vite à destination. Jamais l'imprévu, l'inconnu ne trouvèrent place en sa vie ; toujours s'était-il abstenu de prendre des risques inconsidérés. Quant à emprunter le chemin, cette question ne fut bien évidemment jamais d'actualité.

Toutefois, quelque part interloqué par sa présence mystérieuse et attirante, il lui demanda à nouveau : « Qui êtes-vous ? »

Et elle de lui livrer cette énigme :

« Si tu te connaissais, tu ne m'aurais pas posé la question. Mais je te donne une partie de la réponse par cette autre question : Où es-tu ? Cherche et tu me trouveras. »

Et Innommé apporta encore ce commentaire :

Un jour tu feras une rencontre merveilleuse celle de ton Maître intérieur. Pour toi ce jour s'approche. Alors tu te souviendras de moi. Vois-tu ! Tu as toujours voulu m'appeler maître, mais je ne suis qu'un serviteur de la Vie et rien d'autre. La vie ne peut se maîtriser, elle ne fait que se donner à celui qui est prêt à l'accueillir pour la transmettre.

Ta vie, nul ne peut la prendre ! Tu es en constante réception d'elle, elle ne t'appartient pas, par contre tu ne peux que la transmettre à ton tour. Combien se leurrent d'être en vie mais ils sont moribonds. Tant que tu n'es pas vide de cette illusion de rien qui a été placé en ton esprit te faisant croire que c'est le tout, alors ce que tu penses donner est rien, lorsque tu seras totalement vide, la Vie pourra enfin t'accueillir en sa plénitude en elle t'octroyant une place unique. Mais n'oublie jamais que tu n'es rien, ne possède rien mais reçois tout en héritage de la Vie. Ce qu'est la Vie, c'est le grand mystère, elle se résume en un mot : le don.

N'appelle ici-bas jamais personne du nom de maître, et lorsqu'en toi Il sera, Lui seul t'assurera tous les garde-fous nécessaires sur ta route de pèlerin.

Ecoute maintenant ma toute dernière recommandation :

« Quand tu seras vide de cette illusion de rien que tu prends pour le tout, alors tu seras dans l'éveil. Et tu verras, tu n'auras ni dieu, ni maître. »

Le jeune homme cherchait à en savoir davantage et le questionnait encore et encore. Mais il lui fit comprendre que maintenant le moment était venu pour lui de se mettre en chemin. Voici les tous derniers mots qu'il lui livra :

« Maintenant je dois m'en aller reprendre ma route pour que tu puisses te trouver. A toi de te lever et de prendre le chemin. Je ne serai jamais loin de toi. N'oublie jamais ce secret, je te l'ai longuement confié et enseigné : Voici le grand mystère de la VIE : DONNE ; l'Invisible en est la clé ; l'Emeraude son orient. Sois-en toujours le vaillant gardien. Restes y fidèle tous les jours de ta vie. »

La Vénérée Dame de la VIE

Innommé enseigna Liberté longuement, l'invitant sans cesse à réfléchir sur soi. Fables et contes étaient leur support favori pour débattre et échanger.

Voici l'un d'eux qu'il lui narra à propos de « La Vénérée Dame de la VIE »,

– Puisse ce conte éclairer ta réflexion mon ami ! Lui dit-il.

« Un jour, un homme avait appris qu'en une très lointaine contrée résidait « La Vénérée Dame de la VIE ». Aussi entreprit-il de se mettre en quête pour aller la retrouver pensant les indices glanés suffisants pour trouver son chemin.

Le premier soir de son voyage, l'auberge « Aux sept oies » l'attira irrésistiblement vers elle. Tout y semblait paisible, heureux, harmonieux et elle ne ressemblait en rien au regard de toutes celles devant lesquelles il venait de passer. Lors du repas, une petite fille vint à lui et lui fit cette demande : « Veux-tu jouer avec moi, quand tu auras fini de manger ? » Mais il déclina son invitation par ces mots : « Non, je suis désolé ! Demain je reprends la route très tôt et je dois aller me coucher au plus vite car demain le voyage sera long. Vois-tu, c'est la meilleure chose que je puisse faire, une autre fois peut être ! »

L'enfant reprit : « Ma mère me dit toujours : « Pour l'homme qui ne se connait pas, demain est une mascarade du passé. Sans l'un ni l'autre ainsi va la vie. Alors si quelqu'un te dit : « Demain »

157

demande-lui toujours s'il se connait lui-même. Que penses-tu de ce que dit ma mère ?»

Faisant preuve d'un certain agacement, il la renvoya lui disant : « Te voilà bien avisée mais toi que sais-tu de la vie ? Qu'as-tu à m'apprendre ? Et ta mère me connait-elle ?»

Arrivé dans sa chambre, un cadre était placé au-dessus du lit où figurait cette citation : « A la Vie, seul le don de la tienne t'apportera ce que tu attends, n'aie d'autre but que de la reconnaître, toute autre quête est vaine ! Savoir bien la nommer... là réside son secret ! »

Le lendemain, après plusieurs heures de trajet, apparut au loin un enfant qui lui faisait signe de s'arrêter. Effectivement une voiture était garée sur le bas-côté de la route. Son conducteur se montra enfin et lui demanda s'il pouvait le tracter jusqu'au prochain village, mais toujours pris par le temps, il leur déclara : « J'ai un rendez-vous que je ne dois manquer à aucun prix, j'en suis désolé mais je vous souhaite de trouver une personne plus disponible que moi. »

L'enfant lui fit remarquer : « Je ne sais avec qui ou avec quoi vous avez rendez-vous, mais n'oubliez jamais que seule importe la Vie !». Il rétorqua : « Tu ne peux pas dire mieux, elle est très judicieuse ta remarque. Si tu savais comme tu dis vrai. » Mais son interlocuteur s'empressa d'ajouter : « Curieux ma mère me dit toujours : la vie ne donne jamais de rendez-vous ! Seule la mort en prend mais les hommes l'oublient sans cesse. »

Le surlendemain, il se perdit en chemin et dut demander sa route à deux enfants qui jouaient au bord de la route, et ceux-ci dans l'impossibilité de pouvoir lui répondre l'invitèrent à venir chez eux rencontrer leur mère qui n'allait pas tarder à rentrer.

Désolé, il leur confia qu'il était pressé et qu'il trouverait bien quelqu'un d'autre plus loin pour lui indiquer la voie, toutefois un des enfants lui dit : « Ceux qui prennent cette route disent souvent : « je n'ai pas le temps » ou encore : « demain » et tous les jours des gens s'y perdent. Prends-garde à toi ! Ma mère appelle cette route celle des « sans vie » »

« Après bien d'autres péripéties, il parvint enfin au seuil de la résidence de la « Vénérée Dame de la VIE ». Tout impatient, il s'empressa de courir frapper à sa porte.

« Qui est-ce ? » disait une voix d'enfant derrière la porte. Et lui, longuement de raconter qui il était, d'où il venait et tous les dangers qu'il avait dû braver pour venir jusqu'à elle.

Tout à coup, interrompu dans sa narration des faits, une voix se fit entendre :

« Qu'as-tu à donner ? »

« Voici mon offrande pour les bonnes œuvres de la Dame ». L'homme fit passer sous la porte un chèque d'un montant important.

« Qu'attends-tu ? »

« - De pouvoir la rencontrer. »

Un silence glacial régna subitement en ce lieu. Et l'homme vit réapparaitre le chèque glissé en dessous de la porte. Déçu, il s'en alla camper non loin à l'entour de la demeure. Dans son esprit, sans nul doute le montant offert était trop insuffisant. Avec un empressement sans pareil, il alla vendre tout ce qu'il possédait pour le convertir en or sonnant et trébuchant. Sa détermination était sans borne car il avait le secret dessein d'obtenir d'elle la vie éternelle.

De nouveau il se rendit en hâte à la demeure convaincu cette fois-ci que ce serait la bonne. Les mêmes questions lui furent posées et le même silence lui fut signifié au point de lui glacer les sangs.

Toutefois sans jamais perdre courage l'homme resta sous sa tente très longtemps en ces lieux. Après bien des années, au cours d'une *nuit, il fit un rêve. Des enfants jouaient ensemble, au jeu du Colin-Maillard, quand l'un d'eux fut attrapé par l'autre qui avait les yeux bandés et les autres de lui crier : qui est-ce ?*

Soudainement il prit conscience de sa cécité et de sa surdité. Cela faisait si longtemps qu'il répondait à la tourière de façon erronée. Curieusement quelque chose venait de changer en lui.

Alors l'homme se réveilla certain qu'il connaissait, cette fois-ci, la réponse aux trois énigmes posées par la tourière mais il n'était plus le même, il se ressentait différent des autres jours. Ainsi au cœur de la nuit, ne pouvant plus contenir son impatience, il se hâta d'aller frapper vigoureusement à la demeure.

Dès qu'il vit la lumière briller du dessous la porte, il déclara à la tourière :

« Maintenant je sais. Tu es la dame de la VIE. Le seul don que je puisse te faire, c'est celui de ma vie aussi je te demande de bien vouloir l'accepter en cette nuit même. Mon espérance par-dessus tout, c'est de devenir pareil à toi. »

« Entre, pousse la porte. Tu sais, elle a toujours été ouverte mais vous êtes tellement conditionnés, vous les hommes que vous n'osez même pas la pousser. Pour ce qui est de tes bagages et de ton or, reflet de ton temps perdu, je te prie de bien vouloir les laisser au seuil de la porte. Les « sans-vie » s'en chargeront, c'est leur seule raison de vivre », lui rétorqua l'enfant tourière. »

Quand il la vit, quelle ne fut pas sa surprise ! Celle dont il attendait la rencontre depuis si longtemps avait les traits d'une très jeune enfant, en son esprit subsistait un doute : était-ce véritablement la Dame de la VIE ? Mais plus d'hésitation possible quand il entendit d'elle ces mots : « Mon enfant, quel bonheur de te voir revenir parmi les vivants. Je t'attendais depuis si longtemps ! Viens maintenant partager le repas avec nous tous. Nous allons rattraper cette illusion du temps perdu ! »

Et celle-ci l'emmena dans une salle où s'y trouvaient des enfants d'une jeunesse hors du commun. Ce qu'il ne savait pas encore, c'est qu'il était devenu l'un d'eux. Mais juste avant d'entrer dans la salle à manger, il lui déclara : « Comme c'est curieux, j'ai cette étrange impression de déjà te connaître, ou de t'avoir déjà vu. »

Durant le repas, la Dame de la Vie ou plutôt l'enfant de la VIE lui fit cette confidence :

« C'est vrai et tu as raison de dire que nous nous sommes déjà rencontrés. C'était il y a fort longtemps à l'auberge « aux 7 oies », lors de ton tout premier soir de voyage nous nous sommes rencontrés. Est-ce que tu t'en souviens ? Déjà là j'étais venue vers toi mais tu as décliné mon invitation à venir jouer avec moi, et plus tard à m'aider ou à venir me rencontrer chez moi. Quant à la réponse à mon énigme posée du : « qui est-ce ? Tout était là dans le nom de « l'Auberge aux sept oies », comme dans un jeu de piste tu ne voyais rien des indices que la vie te montrait en filigrane. Quant aux autres indices tu les avais tous reçus. Souviens-toi de la phrase dans le cadre de ta chambre : « A la Vie, seul le don de la tienne t'apportera ce que tu attends, n'aie d'autre but que de la reconnaître, toute autre quête est vaine ! Savoir bien la nommer... là réside son secret ! mais voilà « demain » t'aveuglait tellement que de me voir à travers une enfant t'était inconcevable. Bien d'autres fois nous sommes revenus vers toi mais toujours en vain, tu ne voulais rien entendre. Tu me recherchais comme on s'attache à vouloir acquérir un bien.

Beaucoup n'ont de cesse de courir après moi, et tu étais l'un d'eux. Votre manège, à vous les hommes, me fait bien rire. Votre folle frénésie à mon égard n'en n'est que trop absurde. S'arrêteront-ils un jour de se méprendre sur ce qu'est la VIE. Certains croient m'avoir trouvée mais ne font qu'embrasser de la fumée. Vaine est leur quête tant qu'ils inversent les rôles. Pourtant, sans cesse, JE les poursuis dans l'espoir de pouvoir les combler un jour de mes biens avec largesse. Mais, ils sont tellement attachés à leur mémoire passée, cette « satanée mémoire », comme si c'était de l'or, qu'ils finissent toujours par se détruire les uns les autres avec ce faux espoir d'obtenir pour soi un lendemain meilleur. Malheureusement leurs pièges, leurs manipulations, leurs possessions m'obligent la plupart du temps à les fuir comme la peste.

Comprendront-ils un jour que ME trouvent ceux qui jamais ne comptent, ne prennent, ne possèdent, ni ne jugent. Humbles, discrets, magnanimes, rayonnants et bienfaisants tels sont ceux en qui JE prends plaisir à ME donner. Voici mon unique destinée ME transmettre à l'infini en toute gratuité. Ne doute jamais qu'un jour elle puisse devenir la tienne, c'est à cela et rien d'autre que je t'appelle. »

Tout à coup, il prit conscience de ceci : les enfants le regardaient et lui parlaient sans jamais lever la tête ce qui le surprenait, comment cela se pouvait-il ? Plaçant une main au-dessus de sa tête, il réalisa qu'il était devenu l'un d'eux. Alors, l'enfant de la VIE lui révéla son mystère : « Te voilà devenu comme l'un d'entre nous, ta mission sera d'aller sur le chemin à la rencontre des hommes qui disent toujours demain, tu sais la tâche est rude mais tellement belle quand l'un d'eux devient comme l'un de nous. »

Devant ce qu'elle venait de lui dire, il ne peut s'empêcher de lui poser cette question : « Vous êtes tous ici tels des enfants mais depuis que je suis arrivé je n'ai pas encore rencontré votre mère à tous. Est-ce vous ?»

L'enfant de la VIE se mit à rire, et lui confia ces mots au creux de l'oreille tel un secret : « Ta mère est en toi et elle l'a toujours été, il s'agit de ton âme que tu ne connais pas encore véritablement. Pendant un temps, nous serons telles des mères pour toi, jusqu'au jour où tu l'entendras te parler directement en ton cœur. Bientôt tu ressentiras une force nouvelle, l'esprit de notre Père sur toi. Là

encore, tu comprendras pourquoi nous n'avons qu'un seul Père :
Dieu et qu'une seule mère : ton âme. Ensemble tous les deux, ils
font de toi un enfant de la VIE éternellement engendré. Et ce dont
il sera désormais question, ce n'est pas de savoir ce qu'est l'éter-
nité mais plutôt comment apporter la VIE au monde. »

Voici notre crédo :

« Enfant de la Vie, effaceur de l'histoire ! En réparant les affres de
Chronos, tu rendras Mémoire à tous ces enfants morts. Et même
si ce dieu hait la Vie, n'aie de cesse, encore et encore, d'effacer
ses œuvres. Aussi lorsque disparaîtra le maître de l'histoire, la Jus-
tice véritable sans fin règnera. Ce jour-là, sans forme, ni mémoire
sera la Vie, et seule la Conscience subsistera. Enfant de la Vie,
voilà ton devoir : réveiller l'enfant mort et ce par effacement de
ses obligeantes mémoires. Mais garde toujours en ton esprit cette
unique Mémoire : ne jamais faire d'histoire ! Résurrection ! Et si
cela subsistait encore, pour toi-même ou pour tes frères, alors au
nom de la Conscience, tout simplement : efface encore et encore !
C'est la seule chose qu'il t'est demandée. Désormais, la clé que tu
possèdes ouvre sur des espaces nouveaux où l'ancienne vibration
ne sera plus. Là nul ne pourra plus acheter ou vendre le temps.
Adieu Cassandre ou Pandore, adieu vies karmiques ou mémoires
akashiques ! A jamais le Vivant. La Vie t'en remercie. »

Perplexe devant cette fable, le jeune Liberté lui fit tout de même
cette remarque :

« Je vois beaucoup d'atrocités et de violences en ce monde et
vous ne cessez de me dire que la Vie vous honore de sa présence,
certes je veux bien l'entendre mais si rien ne change à quoi bon ?
Quel est véritablement l'enjeu de tout cela ? Qu'y gagne-t-on ? Si
tu es devenu tel un de ces enfants où est la vie ?»

Innommé s'exprima en ces termes :

« Liberté, quelle connaissance as-tu de toi-même ? Demain est-il
encore tapi à ta porte ? Ton cœur de quoi ou par qui vit-il ?

D'aujourd'hui ou de demain, ou bien de cette mystérieuse union entre ton âme et Dieu ? Sais-tu voir la réalité ordinaire de ce jour à la lumière du jour passé grâce au clair discernement de ton cœur ?

Cette vision-là te permettra de répondre à ta question par toi-même parce que la réponse repose déjà en toi. Vois-tu, l'animal sent et perçoit l'Invisible Vivant qui influence l'organisation d'une bonne partie de sa vie, l'enfant qui vient au monde possède les mêmes capacités de percevoir notre réalité non ordinaire au quotidien.

Cela fait partie de ces sens innés partagés avec l'animalité mais l'entourage, au nom du « c'est comme ça, ça n'existe pas », va mener le petit enfant vers une réalité très mentale bien ordonnée, formatée, cadrée et surtout bien conditionnée. Le précepte sournois et maléfique programmé dans l'inconscient du petit homme peut se formuler ainsi : « Tu te tiendras à l'écart de toi-même et n'en dérogeras pas. Nous te dicterons ce qu'il est bon de croire ou ne pas croire. Aie confiance, nous détenons la vérité ! Ta vie nous la dirigerons avec le plus grand soin. Seul ton avenir nous importe, quant à ta mort nous lui octroierons le plus grand soin. »

Progressivement l'homme se trouve réduit à l'état d'esclave, de mort vivant dans cet univers des fausses certitudes, de l'illusion et du mensonge afin de servir le demain toujours plus faste des grands prédateurs. Mais, ce qu'il ne sait pas, au comble du comble, c'est qu'en lui désormais repose son pire ennemi. N'oublie jamais dans ton parcours de vie, que le plus à craindre, c'est sans nul doute toi-même tant que tu es aliéné au système de pensée collective qui ne veut pas entendre le mot d'aujourd'hui mais toujours celui de demain : croissance, durée de prêt, dividende, bénéfice, plan de carrière, possession, réussite sociale, descendance….

Dans une telle vision la Vie ne peut nous honorer de sa présence si bien qu'elle se retire, à cause de l'interdit fondateur et destructeur, pour laisser exister un monde lourd, pesant et pénible avec pour compagnes et compagnons : misère, pauvreté, pleurs, regrets et de la souffrance.

Cette situation sera toujours totalement infondée, injuste et irrecevable mais par un conditionnement et un comportementalisme pervers savamment entretenu par le monde des morts, cette situation de vie nous sera imposée sans que nul ne se révolte.

Quand demain est basé sur des intentions issues du passé visant la prospérité d'une économie, l'aujourd'hui devient désert, souffrance et mort.

La VIE honore toujours les « sans passé, ni futur » car ils ont intégré en leur vie et en leur cœur les logiques même du vivant quitte à se battre pour elle. Par contre la VIE se moque de ceux qui la travestissent en permanence pour les délaisser à leur perte. Et je parle ici des morts de ce monde qui portent des masques d'Elle sans véritablement La connaître.

Bientôt tu te rendras compte qu'ils sont pitoyables et tous plus laids les uns que les autres ! Quant à toi, si tu Lui offres véritablement ton cœur alors le temps ne sera plus. A partir de toi se dispensera la VIE et la seule économie qui importera sera celle du cœur et de l'équité. »

« Vois-tu Liberté comment est-ce que je perçois la vie en notre monde aujourd'hui ? Tout simplement faire que le temps destructeur ne soit plus. Je vais maintenant te présenter notre réalité d'une autre manière :

« Voici une tablette très ancienne inscrite des deux côtés. Sur un de ses côtés pouvait se lire : « *Unique est la réalité, il n'en existe pas d'autre. Crois-le. Sois fidèle à ce commandement, Dieu s'en souviendra au moment venu* ». Ce texte je l'ai qualifié de « fléau des trois » car il prédomine et nous abîme en permanence : le mensonge, l'illusion et la mort.

Observons bien, si nous en avons la force, le grand échiquier de ce monde. Les rois, reines et gouvernants, blancs ou noirs, telles des marionnettes œuvrent tous à la solde d'une puissance destructrice aveugle dont jamais personne ne parle. Ils sont soi-disant là pour votre bien mais ils mentent et vous leurrent en permanence. Ils sont en cette place pour entretenir et développer l'art de tirer le meilleur profit de cette situation illusoire.

Leur récompense : le capital amassé autour de cette entreprise macabre avec son cortège de maux : pollution, maladie, guerre, endettement, manipulation mentale, planète bafouée et rendue exsangue....

Quant à nous, qui subissons ces horreurs, notre seule et unique tache : être de gentils exécutants, de gentils croyants et qui plus est, mensonge suprême s'entendre parfois dire : Dieu vous le rendra cela au centuple ! ou encore : Vous gagnez ainsi votre paradis ! Que ne pourraient-ils faire sans ces mensonges sur Dieu ?

Et voici maintenant la deuxième partie presqu'illisible de la tablette comme sciemment effacée du métal, il m'a fallu beaucoup de temps pour en retrouver toute la teneur car plus personne ne s'en souvenait. Mais maintenant, je peux vous en livrer le texte : *« Dans un lieu où est scellé la Vérité s'y trouve la source de VIE. Retrouve ta Réalité. N'attends rien d'autre ».*

A ce texte, je lui ai donné le nom de « bénédiction des trois » : la Réalité, la Vérité et la Vie. Aujourd'hui, cet aspect-là est oublié voir inconnu des hommes. Le fléau est sous le joug de la finitude en ce visible et la bénédiction sous celui de l'infinitude en cet invisible. A chacun son bord, l'un déforme et détruit, l'autre transforme et construit.

Toutefois plus je réfléchissais sur les inscriptions recto et verso de cette tablette plus m'apparaissaient énormément d'incohérence entre ces deux textes.

Qu'est-ce que cela pouvait bien vouloir dire ?

Alors je me suis mis à la scruter d'un peu plus près, encore et encore, pour finalement constater que la face la mieux préservée n'était la résultante d'un judicieux placage qui masquait une autre citation plus originelle et bien plus ancienne encore, et j'étais enfin parvenu à la décrypter. Sur cette face s'y trouvait gravé cet adage : « *Souviens-toi, Ambassadeur de la Vie, tu l'es de toute éternité. Marche ! Ta Voie vers l'UN est trine avec l'invisible pour garde-fou.* » Restaurer la pièce dans son état original, c'est retrouver un monde où les pièges du mensonge, de l'illusion et la mort seront démasqués et déjoués en toute circonstance.

Ainsi, l'ensemble du texte prenait une extrême cohérence, c'était un enseignement de la VIE pour chacun des humains que nous sommes :

« *Souviens-toi, Ambassadeur de la Vie, tu l'es de toute éternité. Marche ! Ta Voie vers l'UN est trine avec l'invisible pour garde-fou. Dans un lieu scellé par la Vérité s'y trouve la source de VIE. Retrouve ta Réalité. N'attends rien d'autre* ».

Alors pour répondre à ta question sur quel était l'enjeu de tout cela, et bien le voici :

« Quand la Vie t'honore de sa Présence, que par ta ténacité et persévérance tu y sois parvenu. Alors tu deviens toi-même un homme nouveau, debout, capable de diffuser tout simplement la lumière de la Vie là où elle ne peut surnaturellement arriver.

Discrètement, tu transmettras la Vie autour de toi et alors se transformera ce monde qui t'entoure. Tu continueras ton chemin tout naturellement jusqu'à sa destination sans jamais t'arrêter ni te reposer sur d'illusoires lauriers. Connaitras-tu un jour le chemin ? Non mais qu'importe.

C'est la seule réponse que je puis te donner. Sache toutefois qu'ici le jugement, la condamnation et l'impatience n'y auront jamais de place dans ta pérégrination. Tu supporteras tout, endureras tout mais chaque fois non sans rien faire. Tu as, peut-être, l'impression d'une inutilité de tout cela mais sache que le temps vient où des hommes sages se lèveront de par le monde, et qu'ils possèdent déjà les capacités de transmuter les ténèbres en lumière. Déjà le jour commence à poindre et le fléau des trois perd beaucoup de sa force.

Appelez-moi GADI, Grand Architecte De l'Invisible

Voici cette autre histoire au sujet des mémoires-miroirs :

« Il était une fois, un roi qui devint soudainement jaloux d'un monarque voisin à cause de son tout nouveau palais. Aux dires ceux et celles qui lui rapportèrent la nouvelle, nul ne se souvenait à mémoire d'homme avoir vu une telle merveille. Aussi le roi se mit en quête d'aller rendre visite à son voisin. A la vue de cette réalisation, celui-ci tomba sous le charme et la stupéfaction. Comment cela était-ce possible ?

Dès son retour, trop impatient de rencontrer l'artiste d'une telle œuvre, il mandata l'un de ses ministres afin de rechercher l'identité de son architecte, et comme par enchantement, à peine sa requête formulée voilà qu'un de ses sujets vint lui dire qu'il était ici même en son palais.

Immédiatement, cela ne pouvait attendre, et le roi le fit amener en son bureau et le complimenta par ces mots : « Vraiment vous êtes un bien grand architecte pour faire de telles splendeurs. En vos réalisations nul ne s'y sent mal, tout semble comme embelli, plein de magnificence, débordant de vie. Comment faites-vous pour faire surgir de nulle part de telles choses comme tous ces décors, ces paysages ? Je les croyais tellement vrais et pourtant ce n'était, m'a-t-il été rapporté que le fruit de votre maîtrise parfaite des miroirs. Aussi avant d'aller plus loin, dites m'en plus au sujet de vos réalisations jusqu'où pouvez-vous aller dans votre art de l'illusion ? »

L'architecte lui répondit : « Vous avez raison de dire que je suis un grand architecte mais désormais, appelez-moi GADI : grand architecte de l'invisible, c'est un de mes surnoms favoris. Maintenant j'en viens à votre requête d'en savoir plus sur mes compétences. Voyez-vous chacune de mes réalisations est construite autour de miroirs sans qu'aucun d'eux ne soient visibles.

Dans le secret de leur disposition, vous avez pu constater qu'ils peuvent générer des images d'une extraordinaire beauté et d'une extrême réalité. Maintenant permettez-moi votre altesse de vous faire prendre conscience au risque, peut-être, de vous décevoir qu'il y existe quelque chose que vous n'avez pas encore perçu. Tout dernièrement alors que vous vous entreteniez avec votre semblable en son palais sachez que vous n'avez jamais été mis en contact direct avec lui, celui que vous avez rencontré était dans une de mes créations virtuelles.

Ce qui se présentait devant vous était une image du roi générée en trois dimensions par l'entremise de mon art. Lui se tenait à distance, vous regardait et pourtant il vous parlait d'une autre pièce. A aucun moment, vous ne vous en êtes rendu compte, n'est-ce pas ? Et d'ailleurs si tel avait été le cas j'en suis sûr que vous l'auriez mal pris n'est-ce pas ? Oui aussi incroyable soit-il celui avec lequel vous conversiez n'était pas réel. Votre altesse, et sachez que si je retiens votre attention je m'attacherai à vous présenter mon plus beau projet. Je vous assure être en mesure, plus que jamais de me surpasser. Je ne vous décevrai pas.

« Le roi stupéfait rétorqua : « GADI ! Ce que vous venez de me dire je ne puis le croire ni même l'entendre. Comment est-ce possible ? Deviendrait-il envisageable de générer en permanence mon image et de me montrer à mes sujets toujours sous mon plus bel atour ? Cela me séduit beaucoup mais en même temps pourquoi tant d'artifices et de leurres ?»

Le grand architecte de l'invisible surenchérit : « Pour votre protection, votre image et votre éternité, ô mon roi ! Vous apprendrez à goûter, à voir, à sentir la grandeur de mon art du miroir. Sa magie est si impressionnante que je peux pousser le prodige à ne plus vous voir vieillir sur le plan de votre image émise face aux autres. »

Le roi fit cette remarque : « J'entends bien votre proposition, mais lorsque je sortirai de mon palais, si votre magie n'opère plus que se passera-t-il donc ? Qu'advient-il de ma protection ? »

GADI se mit à rire et lui confia, un secret, au creux de l'oreille : « N'ayez crainte votre altesse car le jour où vous sortirez de votre magnifique palais, personne ne vous reconnaîtra. A l'extérieur, où que vous soyez vous y serez toujours incognito. Réellement, croyez-moi, ça marche et je vous assure vous rirez de la méprise des gens sur votre identité. Mais rassurez-vous là où vous devez apparaître en public, je ferai que vous soyez toujours reconnu devant vos sujets comme le roi »

Devant cette toute dernière déclaration, le roi fit ordonner de donner tout pouvoir à GADI afin qu'il lui construise le plus somptueux palais, celui-ci lui assura qu'il serait l'un de ses plus innovants. Petit à petit, la renommée de l'architecte de l'invisible allait en grandissant, et tous cherchaient à se construire une demeure magique à la mesure de leur moyen. Chaque fois, GADI semblait se surpasser plus encore.

Toutefois dans le pays, subsistaient quelques récalcitrants à l'incroyable nouveauté, « trop beau, trop de laideur cachée !» affirmaient-ils. Plus ils observaient leur curieux manège de loin, plus ils devenaient dubitatifs face à un tel engouement de la part de leurs amis pour les réalisations de GADI. Plusieurs fois ils avaient tenté de les mettre en garde du dessein diabolique de l'architecte mais la surdité et la cécité régnaient désormais en leur vie. Aucun des adeptes de l'architecte ne se rendaient compte que la nature et les animaux autour d'eux mourraient et disparaissaient au fil de leurs constructions diaboliques.

Alors ils se quittèrent et les années passèrent.

Pour ce qui est du roi, il ne sortait plus de son palais. C'en était de même pour tous ses sujets qui eux aussi s'étaient trouvés comme emprisonnés sous le charme irrésistible de leur demeure.

Puis un jour, comme par enchantement ils sortirent enfin de chez eux. Là de fait, personne ne se reconnaissait plus. Tous avaient vieilli et s'étaient desséchés comme des momies mais personne n'en n'avait pris conscience. Dans l'illusion crée par leur demeure, chacun se voyait plus beau que l'autre.

Quand l'envie leur venait de sortir, ils étaient toujours sûrs et certains aux dires de GADI, qu'ils resteraient toujours incognito, et de fait cela fonctionnait toujours comme promis. Ce qu'avait chuchoté Gadi à chacun d'eux au creux de leurs oreilles leur laissait croire que ce serait-là leur secret, qu'ils en étaient les uniques détenteurs mais cette manipulation était d'une redoutable perversité.

Dehors tout le monde prenait soin de ne pas se parler, de s'éviter pour n'être pas reconnu tandis que tous continuaient par se saluer en feignant un de leur plus beau sourire tout en cachant cette pensée hypocrite : « Pauvres gens, quelle misère et quel ridicule ! A leur place je n'oserai même pas me montrer ainsi. » Pour ce qui est de monarque, dès qu'il revenait au palais après une de ses sorties incognito dans le royaume, il s'attachait avec le plus grand soin à congratuler et à remercier GADI pour l'exactitude de sa prédiction au sujet de sa non reconnaissance à l'extérieur du palais.

« Pour ce qui est des éternels résistants, ils se retirèrent une fois pour toute de cette contrée. Ils avaient compris que la voie véritable de la vie est d'être toujours en chemin, de fuir la scintillance de toute sédentarisation, de ne jamais regarder en arrière ni ne rien projeter sur le futur. Le nom qu'ils ont donné aux villes construites par GADI : « INFERNOS ». Quant aux habitants des demeures à miroir, ils connaissaient toujours le même sort celui des morts-vivants inconscients de leur état pour la plus grande joie de GADI.

Les résistants n'entreprirent rien pour empêcher la magie des miroirs d'opérer. Ils allèrent dans un pays où ils fondèrent eux-aussi un royaume auquel ils donnèrent le nom d'Anamnésia.

En levant le camp certains d'entre eux prédirent qu'un jour le monde des miroirs engendrerait guerre, maladie et violence et que ce jour-là les miroirs voleraient en éclat. Ce fut là leur seule et unique prédiction quant au futur. »

Liberté fut intrigué par son discours et lui dit :

« Tu nous as dit précédemment si mes souvenirs sont bons que nous étions tel des amnésiques face à la Vie et maintenant que la cause de notre souffrance voire de notre mort s'origine dans l'excès de mémoires tout comme ces miroirs de Gadi. Je trouve que ces deux pensées sont contradictoires. »

Voici quelle fut sa réponse :

« Oui, tu as raison ! C'est peut-être pour toi paradoxal, mais en réalité l'excès de mémoires mortes fait oublier la Mémoire Vive l'unique et la véritable laquelle n'a pas de miroir. C'est d'elle dont l'homme est amnésique ! Souviens-toi : trop de mémoire fait fuir la Vie laquelle n'a que faire des mémoires-miroir des humains. Tant que ta Mémoire Vive ne s'est pas éveillée, la maladie des « sans-mémoire » te guette celle de toujours te contempler dans les miroirs et de t'illusionner sur la Vie. Nous confondons la Vie et la mort, et nous leur inversons constamment les rôles.

Ce que tu regardes en ton existence n'est que mort mais le malin te fait constamment croire l'inverse. Liberté, il te revient de remettre la VIE et la mort dans leur bon sens ! Au-delà des mémoires se trouve la VIE, pour ce qui est de la mort, elle n'est rien d'autre qu'une création miroitante de plus, celle de Gadi l'anti-vie.

Maintenant Liberté, prends le temps de contempler ce monde dans lequel tu vis. As-tu vu ces tours de plus en plus élevées et de plus en plus miroitantes construites par les hommes, le lieu où elles s'édifient n'est pas étranger à l'histoire que je t'ai racontée. Là où l'homme cherche à prouver sa supériorité et sa richesse en élevant des tours d'une prouesse technique spectaculaire, nous nous trouvons face à des pays qui s'enorgueillissent et ne respectent plus la vie.

Jésus disait : « Qui s'élève sera abaissé, qui s'abaisse sera élevé », tel est le mouvement de l'homme spirituel capable de s'abaisser c'est-à-dire de pouvoir descendre jusqu'aux enfers pour aller rechercher les siens. L'abaissement ne va pas sans un autre mot quand il est conjoint à l'élévation et réciproquement, cela s'appelle l'Amour, celui capable de discerner de comprendre au-delà des apparences et qui refuse de se laisser entraîner dans un comportementalisme de convenance souvent destructeur, fusse-t-il même religieux.

Qui refuse de s'abaisser tout en prétendant être élevé fait toujours offense à la VIE. Ses faits et gestes sont alors dictés la plupart du temps par la force du mal, celle du destructeur Gadi lequel se plait à se cacher derrière les miroirs sans tain de l'inconscient.

Aujourd'hui tous ceux qui élèvent des tours en ce monde sont des serviteurs du mal, ni plus ni moins. Ils pillent la terre, la dévaste y mettent la désolation, manipulent le vivant et s'en accaparent toutes les richesses. Et ce qui est extraordinaire, c'est qu'ils se disent croyants pour la plupart d'entre eux.

Ici comprends-tu l'Amour n'existe pas, et s'ils ont de l'affection pour leur semblable, chacun doit cependant s'incliner devant eux et de baiser leur main en signe de leur loyauté et de leur

174

soumission. Voilà l'abaissement qu'ils pratiquent, c'est celui-ci contraindre l'autre à le révérer.

Qui se prétend élevé dans la voie spirituelle mais demeure incapable de faire quoi que ce soit dans la voie de l'invisible trouve bel et bien dans l'illusion de lui-même. Sa prétendue élévation cache souvent la domination d'autrui. Combien de religieux se mentent à eux-mêmes entraînant aussi les autres dans la voie du mensonge !

Voici encore un autre paradoxe des adeptes du mal se cacher derrière une fausse voie spirituelle, celle du « si je m'élève, c'est ce que suis béni de Dieu », certains ont même osé arborer le mot de Dieu sur leur monnaie, comme si la richesse pouvait être le signe de Dieu, mais concrètement ils n'en partagent jamais rien, ils iront même à décider de qui sera pauvre et riche.

L'argent qu'ils prêtent n'est que pure virtualité, encore un autre miroir !

 Quel est donc de dieu là ? Comprends-tu Liberté ces hommes se prennent pour Dieu. Ils reconstruisent des tours de Babel perdant le souvenir de Dieu. N'oublie jamais, Liberté, Dieu est la VIE, l'AMOUR !

Leur dieu est aux antipodes du Mien ! Il est la mort et le chaos... »

Liberté demanda à innommé :

« Mais que pouvons-nous faire face à de tels gens car ils nous dirigent, nous manipulent et nous asservissent par des mensonges usant parfois à tort du nom de Dieu ?»

Innommé lui montra son cœur et soudainement son ami ressenti comme un tressaillement en le sien qui l'inonda d'une onde de paix et de joie, et il ajouta :

« Son pouvoir est grand, les enfers n'ont pas de prise sur lui. A lui seul Il est capable d'en ouvrir les portes parce qu'en lui repose Dieu. Pour cela Il n'y a rien à faire, laisse tout simplement exister la magie de ton cœur opérer en ta vie alors ton attitude sera juste, sans violence et d'une redoutable efficacité pour la transformation de ce monde.

Petit bémol ne te prend jamais pour Dieu, n'oublie jamais qu'en ses mains tu n'es que son instrument, rien d'autre... Mais un merveilleux instrument au service de la VIE et qu'il se partage ! »

Que Sa symphonie soit !

- I : Liberté, perçois-tu cet ensemble de vibrations qui émane de l'invisible sous forme d'une musique colorée à ravir l'âme ? Elle s'interprète à partir de tout être quel qu'il soit minéral, animal ou végétal. De chaque parcelle de notre terre, de chacun de nos animaux ou de nos végétaux, s'en dégage une merveilleuse œuvre symphonique, réel sujet de contemplation pour l'âme.

Parmi les règnes seuls les humains y font exception, toutefois certains d'entre eux, une toute petite minorité sont encore capables de s'y accorder et de prendre part à la symphonie. Tous les autres, tels des trouble-fête s'évertuent à faire outrage au spectacle.

D'un côté se trouve la lumière symphonique du grand tout et de l'autre les ténèbres assourdissantes des hommes qui ont perdu leurs capacités à regarder, à écouter et à jouer. Aussi ce qu'ils diffusent en ce monde est un bruit savamment faux, tellement beau à leurs oreilles, et ce qu'ils jouent et répètent inlassablement provient du maître du mensonge : le bruyant, le cacophonique.

Liberté, toi qui as recouvré tes yeux et tes oreilles, l'heure est venue de les utiliser. Désormais il t'appartient de t'aligner, de t'accorder sur les fréquences vibratoires de notre création et d'en réinterpréter l'œuvre. Car celle-ci ne pourra jamais être réplication, elle sera toujours éternelle nouveauté à la différence de la cacophonie des hommes qui derrière leur fausse nouveauté ne font que répliquer la dysharmonie.

Dans le ciel de ces hommes-là, t'es-tu déjà demandé ce qu'il y avait de neuf, d'éclairant, de vivifiant pour cette terre ? Rien, rien du tout.

Tout converge essentiellement à nous rendre tous semblable dans une unique pensée, une unique place à tenir, un unique nom à avoir. Faire perdre notre singularité, notre particularité pour nous faire entrer dans la domestication et l'uniformité tel est le plan du diable : un seul son, une seule couleur, un seul bruit. Le ciel de Dieu quant à lui, il est éternellement nouveaux sons, nouvelles couleurs.

As-tu réalisé un jour que depuis les origines de notre terre, il ne s'y est jamais trouvé deux mêmes flocons de neige. Depuis le commencement, aucun d'eux n'a été répliqué, voilà la vie dans sa simplicité et son éternelle nouveauté. Incroyable non ! Rien que cette simple pensée me remplit d'une force inouïe. La plus simple des choses, le malin ne peut la dupliquer.

Plus tu deviendras un être simple, plus le mal se trouvera en échec face à toi car tu seras éternellement nouveau. Si le diable déteste la nouveauté de Dieu alors c'est à nous tous d'en devenir son témoin ! Soit simple, recherche en toute chose la simplicité, là y réside Sa force, et je t'assure que tu feras toutes choses nouvelles.

Pour ce qui est de la musique de notre création, sais-tu qu'elle est aussi guérisseuse ? Lorsque tu en auras besoin, tu sauras la trouver, l'entendre et la voir pour, s'il le faut, te réaccorder ou te réaligner dans tes vibrations.

Résultat d'une convergence vibratoire particulière, non reproductible, elle se donne, sans cesse dans l'instant présent, et pour cela, il te faudra toujours la chercher dans l'inconnu, et c'est là qu'elle pourra te guérir. La trouve celui qui est sorti de la domestication de la pensée pour pouvoir regarder le réel dans son éternelle nouveauté, ce que l'adversaire une fois de plus ne peut faire par nature.

Maintenant Liberté, en cet instant même, entends-tu ces plaintes, gémissements et lamentations qui émanent de notre terre-mère ? Aujourd'hui, notre mère guérisseuse gronde et s'insurge contre les humains. Mais voilà plus personne n'entend !

L'espèce humaine s'est égarée dans une musique de rien, une cacophonie issue du mal absolu répliquant. Modifiant, petit à petit, sa réalité sans tenir compte du grand tout, il en perturbe, encore et encore, l'extraordinaire symphonie et c'est ainsi que se ternissent et s'affadissent les sons-couleurs.

Alors qui en fait le constat déplorable ?

Tout le monde et j'entends ici, tous les vivants des règnes à l'exception de celui des humains ! Depuis quelques siècles, ils s'évertuent à construire une réalité déconnectée, artificielle et dangereuse dans un total irrespect de la planète. De toutes leurs constructions n'émanent que dysharmonie et destruction.

Est-ce cela le nouvel ordre mondial attendu ? Liberté, aujourd'hui, je préfère parler de désordre mondial, comme en témoigne ces organismes génétiquement modifiés, la mort de nos écosystèmes et bien d'autres de leurs manigances…

Alors quel est l'objectif de ce désordre mondial programmé ? Tout simplement pour ceci : que le diable puisse occuper envahir tous les espaces de la vie, il s'agit de ramener tous les vivants vers de basses vibrations où peuvent y régner, sans aucune opposition possible, dictatures, dominations et violences… C'est de la sorte que la lumière de notre terre voit se perdre son éclat et ses couleurs disparaître. Petit à petit la symphonie perd de sa force et de sa beauté.

Alors stop ! Disons stop à ce sacrilège incessant ! En effet, si l'homme continue à transformer sa réalité, s'il persiste dans sa fausse croyance à se dire supérieur aux autres créatures alors dans sa toute-puissance il finira par nous imposer sa musique infernale et nous détruire.

Si tout est conscience sur cette terre comme dans tous l'univers seul l'homme ne le sait plus. Serait-ce qu'il a perdu conscience de lui-même ? Ce qui fonde l'humanité véritable, c'est l'amour du don, une disposition toute naturelle en chacun de nous, mais les humains l'ont troqué avec le malin pour y préférer le « toujours plus » de la possession, du vol ou du prendre.

Oui sans le savoir chaque humain de cette planète en cet instant, mis à part une toute petite minorité, est devenu tel un voleur, un menteur, un violent au nom même la plupart du temps du « toujours plus futile ».

Sans intelligence véritable, il s'accapare tous les biens inaliénables de notre création que notre terre-mère, jadis, nous a confiés : l'eau, l'air, la terre, les forêts, les animaux... Liberté, c'est à toi maintenant de jouer car tu es à même d'entendre les sons et de voir les couleurs.

Ta conscience est apte à se mettre à l'unisson avec tous les êtres. Tu as reçu ce don de pouvoir leur parler, d'être en parfaite syntonie avec eux. Voilà ce qui atteste de ton ordre de mission !

Quant à savoir ce que tu pouvais faire pour aider cette planète. Je te réponds par ceci : Liberté, commence par retrouver l'harmonie avec chaque être, puis donne leur la force de s'insurger en conscience contre l'œuvre des hommes, ou plutôt faudrait-il dire des sous-hommes.

Le temps est fini pour eux de continuer de bafouer le droit à la vie en maltraitant continuellement notre réalité sans état d'âme, sans foi, ni loi.

Liberté, accompagne chacun des règnes vers la paix, libère-les des forces obligeantes multi millénaires qui les aliènent. Accorde-leur l'autorisation de s'engager dans la lutte contre l'absurdité humaine toujours plus destructrice voir meurtrière. Il est fini le temps de la soumission, de cette obéissance aveugle des règnes à cette humanité.

L'heure est venue de rappeler à l'ordre tous les sous-hommes, de leur montrer qu'ils font injure à leur vocation première en ce monde celle de prendre soin de la création. L'heure est venue où notre Mère en personne viendra leur rappeler leur juste place. Elle est capable de le leur enseigner mais l'autorisation ultime de le faire dépend là encore de toi, de nous les hommes.

Vois-tu lorsque l'équilibre des forces de la nature est sur le point de rompre, l'absolue nécessité de le restaurer en devient l'urgence immédiate. Pour cela, tu auras besoin de l'aide de tous les règnes, y compris l'aide de la plus petite pierre. Tous n'attendent que toi, que nous.

Alors à toi, maintenant, de les guider et de les accompagner avec l'aide de Qui nous connaissons. Puisse son Esprit nous habiter, nous éclairer et nous accompagner pleinement dans notre mission. Liberté, chaque humain tel un chef d'orchestre est capable d'interpréter l'œuvre symphonique en ce monde, mais n'oublie jamais que la partition provient des mains même de notre Créateur.

Tu la trouveras dans ton cœur qui, normalement chez l'homme, n'est que don, un cœur qui n'a d'autre but que de rendre l'autre libre, et par autre j'entends ici toutes les créatures.

Alors courage, aie confiance. La partition qu'Il te demandera d'interpréter soignera notre création, toi y compris. Ce processus se fera sans violence par le pouvoir de l'Esprit qui repose en tout être libre.

Courage ! Tu n'es pas le seul, et c'est à nous de réclamer la liberté pour elle. Que Sa Symphonie soit pour le bien de notre terre-mère, notre Mère à tous. »

Qui devient souffle n'a pas d'autre choix…

Un soir au bord de mer, autour d'un feu dans les dunes protégé du vent, Innommé prit la parole :

- I : Liberté, vois-tu cet océan, l'esprit de ce monde dans son immensité lui ressemble. Il baigne et s'infiltre en toute chose, nous sommes en lui et lui est en nous et par une lame de fond, il peut t'emporter en un rien de temps. Si tu n'as pas de sérieuses fondations solidement bâties sur le roc de ton âme, il te fera perdre pied sans que tu ne t'en aperçoives.

Construire sur le roc, qu'est-ce que cela peut bien signifier, si ce n'est que d'avoir trouvé cette force intérieure qui te permette de te situer en toute connaissance de cause en tout lieu où rien de ce que tu rencontreras ne pourra faire vaciller le roc.

Mais pour cela tu dois d'abord quitter le monde des eaux pour cela seule ton âme peut t'aider à te mettre debout afin de sortir de ces eaux d'ici-bas si souvent dangereuses et malfaisantes.

Dans certaines peuplades d'Afrique par exemple, les eaux sont le lieu où reposent et vivent des esprits malfaisants. N'oublie pas ce que je t'ai déjà dit à savoir que l'eau, l'air et le feu appartiennent au monde des esprits. La terre, quant à elle, est ce lieu où vivent les âmes et les esprits à travers les trois fluides.

L'esprit du monde sous la figure de l'eau, dans sa forme destructrice et sournoise, nous renvoie au monde de l'horizontalité dans son manque de verticalité, dans sa non reconnaissance du transcendant et dans sa volonté de masquer ou cacher l'invisible. Son souci primordial : lier les âmes.

Toutefois l'âme libre qui se reconnait sur le plan de l'horizontalité en quête de Dieu accède au monde du minéral, c'est-à-dire qu'elle peut évoluer libre hors des eaux. Elle construit alors la vie de l'homme sur ce roc qu'il devra alors gravir pour se verticaliser. Tant que l'homme n'identifie pas et n'accepte pas son âme, il n'y aura pas de roc possible.

Tant que tu ignores ton âme, tu n'auras pas d'existence véritable et aucune possibilité d'élévation spirituelle ne s'offrira à toi. Semblable à du sable mouvant, telle est l'âme de celui qui s'ignore toujours emprise dans l'agitation des eaux de l'inconscience.

Vois-tu maintenant ce feu, il est aussi cette autre face de l'esprit mais cette fois-ci dans sa dimension de purification, d'élévation, ou encore d'effacement. Il traduit, cette fois-ci, l'esprit dans sa verticalisation.

Dieu ne s'est jamais manifesté dans les eaux, symbole de l'indifférenciation, mais toujours dans le feu ou dans le souffle, celui capable de séparer les eaux d'en-bas de celles d'en-haut. Quand Dieu recourt à l'Esprit créateur, chaque fois par son feu ou à travers lui, Il cherche à nous révéler quelque chose de Lui-même dans une rencontre, un face à face.

Lorsque son feu est là indubitablement il nous est annoncé qu'il est besoin d'une purification intérieure ou de se séparer d'une indifférenciation à l'œuvre en notre vie.

Si la présence du feu évoque la nécessité d'une transformation ou d'une purification, il demeure ce révélateur de la voie spirituelle qui nous mène à notre élévation. Mais, une fois de plus, pour rencontrer le feu, le préalable nécessaire est de sortir ou quitter le monde des eaux pour enfin oser s'aventurer vers Soi sur la terre ferme, et ce à pied sec pour aller à la rencontre du feu d'où parle Celui qui Est.

Traditionnellement dès la sortie des eaux vient la rencontre de la première terre : le désert où nous sommes soumis à l'épreuve du feu au terme de laquelle, une fois passés au crible, nous pouvons accéder à cette seconde terre : la montagne, ce roc de l'âme qu'il nous reste à gravir.

Si la montée de l'âme vers Dieu est d'un constant dépouillement, c'est au terme de son escalade qu'une ultime métamorphose peut se produire témoignant alors de sa parfaite verticalité et horizontalité.

Lorsque ton âme sur le sommet de la montagne aura rejoint le Bien Aimé, tu connaitras la force de l'air sur cette terre, tu deviendras en Lui, par Lui et avec Lui Souffle.

A ton tour tu seras capable aidé du feu de son Esprit de souffler sur les eaux y compris même d'y descendre ou même d'y marcher. Pour ce qui est de la tempête, tu ne la craindras pas car tu en seras aussi le pacificateur. Comprends-tu cela ?

L'homme qui a accompli le chemin est devenu tel une croix placée au carrefour de l'horizontalité et de la verticalité.

Liberté surpris de cet enseignement, lui demanda de plus amples explications :

- L : « Je perçois ce que tu viens de me dire au sujet du monde des eaux, mais tout de même, l'eau, c'est la vie ?

- I : Les hommes, je te l'accorde ont coutume de dire que l'eau : c'est la vie. Mais permets-moi de t'apporter cette nuance. L'eau n'est que le support de la vie, il serait erroné de la réduire à la vie. C'est elle qui achemine les informations de la vie en toute chose, mais les informations qu'elle véhicule ne sont fort malheureusement pas toutes porteuses de vie. L'eau est-elle pure en tout point de notre planète ? Loin de là en elle repose la plupart du temps nombre de poisons polluants et toxiques issus de l'activité humaine. Il serait erroné d'envisager le monde de l'eau seulement sous la symbolique de la vie car elle est souvent le lieu de danger, de la destruction et du maléfique.

Dans les eaux de l'esprit, les « requins », les « méduses », les « pieuvres », les « anguilles » habitent aussi ce monde. Ils y règnent, dangereux comme la mort, en maîtres. Certes je te l'accorde sans eau nous ne pouvons pas vivre, mais en cette dimension symbolique là l'eau est loin d'être la détentrice de la Vie. Liberté n'oublie jamais que le maître de l'esprit des eaux n'en n'est autre que le malin.

Liberté avait encore une question qui lui dévorait les lèvres, et il ne put s'empêcher de la lui adresser :

- L : Je comprends bien ce que tu as dit de l'esprit verticalisé dans sa dimension du feu, mais pourquoi parle-t-on alors du feu des enfers ? »

Innommé devant la vivacité de l'esprit de Liberté alla encore plus loin dans son exposé :

- I : Après cette vie-ci, qui n'est bien souvent que la résultante de l'œuvre du malin par l'entremise de notre inconscient, vient le temps, au jour de notre mort, de quitter ce monde des eaux dans lequel la plupart d'entre nous baignent toujours depuis le jour de leur naissance.

Cette fois-ci si de ton vivant tu n'as pas su faire équipe avec ton âme et ton esprit propre. Si tu n'as su t'affranchir du monde des eaux, alors tu n'auras pas connu de ton vivant même celui du minéral, encore moins celui de l'air. Au jour de ta mort lorsque tu quitteras ce monde des eaux que te restera-t-il en vérité si ce n'est que le monde du feu.

Ce feu de la purification, du jugement, de la culpabilité, de la vision brûlante de ce qu'a été ta vie dans son œuvre de destruction.

Oui, le feu garde toujours la verticalité et si de ton vivant tu n'as pas transcendé l'eau, le minéral puis l'air, alors au-delà, il te faudra passer par l'épreuve du feu de la purification.

Quant au malin, sache qu'il n'est pas le gardien du feu mais celui des enfers. Il se dit gardien des âmes qui se sont laissées trompées par lui par ignorance spirituelle. Liberté, j'entends déjà ta question celle de l'injustice par rapport à la tromperie des âmes : « Que peut-on faire ? C'est injuste ! »

Tu sais, lorsque qu'en ton cœur tu auras conscience de ces âmes égarées et de leurs tourments, tu recevras la capacité de les ramener vers la lumière. Naturellement cela s'imposera à toi comme une évidence à laquelle tu ne peux vouloir t'en soustraire cela s'appelle l'œuvre de la miséricorde.

Descendant alors dans les enfers, tu ne craindras pas le feu car avec toi tu auras cette force du Souffle capable de ramener avec toi les âmes perdues, et leur donner les soins qu'il convient. »

Soudainement le sens du vent vint à changer, alors qu'ils étaient à l'abri dans la dune, celui-ci semblait venir et les envelopper de toute part.

Et Innommé de rire.

- I : Vois-tu le mystère du vent, il souffle là où il n'est pas forcément attendu, il peut d'un souffle éteindre le feu ou l'attiser mais aussi générer la tempête. Et pourtant arrives-tu à l'apercevoir ? Peux-tu le cerner dans une forme ? Vois-tu il en est de même pour le mystère du Souffle créateur et défenseur de la VIE, cette présence divine sans cesse informe qui t'appelle à perdurer la Création !

Qui devient Souffle n'a pas d'autre choix que d'assécher les eaux mortelles de l'inconscience et pas d'autre possible non plus que de descendre aux enfers.

Qui s'abaisse sera élevé, qui s'élève sera abaissé ne peux le comprendre que celui qui est en route sur le chemin vers Lui : le pèlerin.

Si ton abaissement est juste,
tu seras dans le secret de Dieu

- I : « *Un jour, un homme cherchait à découvrir ce qu'était cette structure qu'il voyait étalée au sol, il avait cette intime conviction qu'elle faisait partie d'elle. Alors, il s'interrogea sur ce vestige et se mit à en parler à ses amis, beaucoup n'y voyait rien et d'autres lui disaient que cela se passait uniquement dans sa tête.*

Puis un jour, il reçut la visite d'un homme qui paraissait flotter dans les airs comme porté par un immense ballon, en le voyant, il sut que cet homme pouvait lui donner enfin la réponse tant attendue.

De fait, celui-ci prit beaucoup de temps à lui transmettre comment savoir utiliser cette structure qui reposait sur le sol et qui n'était autre qu'une montgolfière, celle de l'âme.

L'enseignement consista à lui faire prendre conscience combien tous ces liens qui l'enserraient jusqu'à la gorge n'avaient qu'une seule fonction le clouer au sol à tout prix.

De fait, toutes ces cordes l'empêchaient d'une part de se mouvoir, mais surtout pareil à l'œuvre d'un serpent constricteur, elles lui coupaient sa respiration, au point d'empêcher le ballon de se gonfler.

Ainsi l'homme lui montra comment se délier, et comment re-prendre souffle. Il lui apprit aussi comment le faire à distance sans forcément en parler à ceux et celles qu'ils libèreraient.

Puis vint ce moment où il commença à flotter légèrement au-dessus du sol, mais il ne pouvait pas aller très haut. Alors son guide, lui fit découvrir un aspect de lui-même, qu'il n'avait pas encore vu à travers tous ces sacs qu'il traînait péniblement avec lui depuis des siècles.

Dès qu'il en fut déchargé, le ballon se mit à s'élever bien haut et avec stupéfaction il vit, combien sa vie et celle de tous les humains étaient jusqu'à ce jour le résultat d'une pure projection faite dans cette immense salle de cinéma qu'est ce monde. De là où il était, il pouvait voir tous les fils de cette immense toile dans laquelle tous se trouvaient piégés totalement inconscients.

Voici désormais quel était son but pour le restant de sa vie : délier le monde et lui rendre son souffle. Nul autre choix ne lui vint à l'esprit. »

- L : Il faut de l'air chaud pour faire monter la montgolfière, alors où est le feu ? Serait-ce Dieu ?

- I : Le Feu, s'il ne peut habiter ton âme, pas d'élévation, et pas d'abaissement possible. Autrefois tu étais dans le monde des eaux, et tu en es sorti.

Si le Feu assèche, et s'il est capable de faire apparaître la terre ferme, celle de la vérité et de la liberté, cela se traduira quelque chose de ton élévation, mais plus tu t'élèveras, plus il faudra t'abaisser, sachant que ton abaissement sera toujours inversement proportionnel à ton élévation.

Voici quelle est la réalité du Feu, il n'est autre que l'inhabitation de l'Esprit de Dieu en toi au point de ne faire plus qu'un avec toi. Et voici comment tu pourras le vérifier. Le seul garant de ton élévation sera ta capacité extrême à t'abaisser, et cela se révèlera dans cette volonté, mise en acte, de nettoyer le monde en effaçant inlassablement tous ces liens qui le retienne captif.

Et là pas de temps pour s'en enorgueillir, pas de temps pour se reposer sur de quelconques lauriers illusoires.

Vois-tu, Elévation et Abaissement, ne seront jamais l'un sans l'autre. Si ton Abaissement est juste, tu seras dans le secret de Dieu, ignoré voire même méprisé par les hommes et pourtant inlassablement au service de leur libération. Voilà ce qu'est le Feu, le mystère de l'Esprit de Dieu, caché aux sages et aux savants, pourtant révélé aux humbles et aux petits mais nous aurons prochainement l'occasion de reparler de tout cela.

Toi, l'étincelle, Lui le Feu

Au cours d'une randonnée dans la campagne, les deux s'arrêtèrent pour contempler le paysage qui s'offrait à eux mais très vite Innommé brisa le silence en l'interrogeant :

- I : *Liberté, que peux -tu me dire de ta contemplation de ce paysage ? Qu'en as-tu ressenti ?*

Ce dernier s'était laissé emporter devant la beauté du lieu mais à vrai dire sans rien ressentir de particulier.

- I : *Liberté, lorsque tu observes une réalité n'oublie jamais de laisser tes yeux se poser tout naturellement sur ce qui est de bonne vibration et ensuite sur ce qui ne l'est pas. Scrute, cherche, interroge-toi sur ce qui t'est offert de contempler. Alors vois-tu cette maison là en contrebas, peux-tu m'en donner la couleur ?*

Liberté, ne s'étonna point de cette nouvelle question en forme d'énigme. Aussi préféra-t-il rester sur sa réserve et ne pas lui donner la réponse de suite. Certes il la voyait blanche aux volets rouges, mais il savait qu'Innommé parlait ici d'une autre couleur.

- I : *Prends bien ton temps, tu fais bien de garder ta réserve quant à ta réponse, aussi je te donne rendez-vous ici même, dans deux jours, et à cette heure-ci.*

Le temps imparti s'était écoulé et les deux amis se retrouvèrent comme convenu. Liberté s'imaginant avoir résolu son énigme, tout heureux.

- L : *Innommé, j'ai mis un peu de temps à comprendre le sens de ta question. Maintenant, je confirme qu'il y a deux jours, la maison blanche aux volets rouge était orange mais qu'à cette heure-ci, elle est de couleur rouge. Quant à l'émeraude de cette maison, celle-ci me parait particulièrement inquiétante, et serait en faveur d'une magie noire toujours agissante.*

Aussi j'ai remonté, le temps d'environ trente jours, comme tu me l'as appris et à cette période, cette maison était dans le jaune orangé. Il y a donc eu durant dans l'intervalle un évènement qui a contrarié la vie de cette maison au point d'en modifier sa couleur et son orient. Maintenant lorsque j'arrête mon regard sur cette maison, je ressens un profond malaise alors qu'auparavant dans son décor je la trouvais si merveilleuse.

Innommé semblait satisfait de cette toute première analyse et lui en fit part.

- I : *Oui, ta réponse quant à la couleur et à son émeraude fluctuante, tout est juste. Je ne t'en demandais pas plus et tu es allé bien au-delà de mes attentes. Pour ce qui est de ta conclusion, là nous en reparlerons, c'est un peu plus compliqué que cela. Alors, sois-vigilant et souviens-toi de ceci : tout existant sur cette terre repose sur du visible et de l'invisible même pour le plus petit grain de sable de cette planète. Mais, le plus important, c'est l'invisible, lui seul source notre visible...*

A partir de cet instant, Liberté réalisa combien il était important de toujours regarder la vie sur ces deux plans ;   d'avoir constamment son regard aiguisé sur ces deux réalités.

Soudain, l'envie lui vint de prendre un moment pour regarder le fil de sa vie passée afin d'en tirer toutes les leçons qui s'imposaient. Effectivement, sur bien des évènements de son histoire, surtout pour les plus sombres, il constatait qu'ils avaient été tous pour la plupart, sous l'influence néfaste provenant effectivement de l'invisible, mais à cette époque il n'en savait rien. Tout à coup tout devenait clair, il comprenait l'échec de la voie de la psychanalyse qu'il avait jadis emprunté. Ce constat, il pouvait maintenant l'établir, tout simplement, sur l'étude de sa couleur vibratoire avant la période d'analyse, pendant et après avoir pris distance d'elle. Le verdict resta sans appel : son plan vibratoire avait sévèrement chuté pendant tout ce temps, signe attestant que cette démarche s'avérait être dans une dynamique anti-vie. Quant à son analyste, le niveau bas de son plan vibratoire suffisait à en attester les faits.

Lors du repas du soir, Liberté lui fit part de ce qu'il avait découvert sur sa vie puis il tenta de parler de son inquiétude au sujet de la maison.

Mais avant même qu'il ne dise quoi que ce soit, Innommé le rassura.

- I : *Je vois de la crainte sur ton visage et je te sens soucieux pour cette maison dont la santé n'est pas brillante. Alors voudrais-tu travailler au mieux-être de cette demeure ?*

- L : *Oui, tout à fait, j'aimerai tant en alléger son poids au niveau ses vibrations, et à vrai dire son destin me tracasse, car elle détonne sévèrement dans l'harmonie du lieu. Personnellement, j'ai cette impression que les occupants de cette maison croulent sous les soucis et que la magie noire n'y est pas étrangère.*

Innommé non satisfait de son analyse lui apporta cet autre éclairage.

- I : *C'est bien essayé, mais ta vision est trop courte. Observe bien et prends plus en considération la dimension du temps, s'il le faut demande à ton âme de t'aider, elle mieux que quiconque connait le passé de cette maison. N'hésite pas à remonter le temps sur une plus longue période comme celle de dix ans par exemple.*

Pour ce qui est de ton analyse générale, centre ton étude sur l'environnement de la maison, questionne-toi sur toutes ces récentes modifications qui y ont été apportées. Alors tu pourras affiner ta réponse. Maintenant la nuit portant conseil, je te laisse avec cet exercice : essaie de me présenter un compte rendu exhaustif quant au fonctionnement énergétique global de cette maison. Apporte-moi tes solutions dès que tu le pourras. J'espère de tout mon cœur te voir bien cerner toute la complexité de cette affaire.

Tout en souriant, Innommé lui souhaita une bonne soirée. Quant à Liberté, il réalisa à quel point son nouvel exercice devenait complexe. Pendant toute la nuit son esprit resta en ébullition. Plus le jour s'approchait, plus tout paraissait se compliquer au point qu'il fut tenté de renoncer à résoudre l'énigme proposée par son ami.

Au matin, Innommé se retrouva seul pour le petit déjeuner. De fait très tôt, son ami avait quitté la demeure pour retourner sur son sujet d'étude. Alors dans un tout premier temps, il commença par regarder les abords de la maison, par rapport à tout ce qui s'y trouve, et ce qui aurait pu être modifié ou non ; puis, dans un second temps il se mit à analyser la maison dans son rapport à l'environnement et au temps, c'étaient les deux grands absents de sa toute dernière observation.

Hier ne comptait que la maison blanche aux volets rouges mais tant de choses se passait tout autour d'elle qu'il n'avait pas encore repéré. Tout d'abord, une très belle forêt jouxtait le terrain de la bâtisse sur lequel se distinguait un très bel arbre multi centenaire. Au vu des nombreuses souches environnantes, il avait semble-t-il échappé à l'abattage méthodique de ses congénères. Par ailleurs, récemment dans le parc avait été construit un petit chalet.

Maintenant, il lui fallait analyser plus précisément toutes les interactions entre tous ces mondes : la forêt, l'arbre, le terrain, la maison principale et sa nouvelle annexe ainsi que les habitants des lieux. Mais Liberté au vu de la tâche qui lui incombait se dit en lui-même qu'il n'en n'était pas capable. Une fois, de plus naquit en lui l'envie de tout arrêter et d'avouer à Innommé son impuissance. Aussi, très résolu, il prit la décision de renoncer à sa tentative d'analyse.

Maintenant le dîner prenait fin, et Innommé à plusieurs reprises durant le repas lui avait tendu une perche, le questionnant au sujet de son étude de cas. Mais quoi qu'il en soit Liberté fut incapable de lui avouer son échec, son incompétence et son désir de renoncer à l'étude.

Au moment où ils se quittèrent, Innommé lui confia ceci :

- I : *Je connais la difficulté de ton travail, mais tu es là, justement, pour apprendre à le faire. Aie confiance car tu n'es pas très loin d'y aboutir ! Ah, je vais encore te dire une chose ! Je te le redis une fois de plus prends bien le temps en considération, dans toute sa dynamique passé, présent et futur. Rappelle-toi ce que je t'ai déjà enseigné à son sujet. Le temps est un révélateur !*

Toute la nuit, heureux du message de réconfort de son ami, Liberté n'eut de cesse de réfléchir, d'étudier les plans vibratoires concernant cette demeure. Au petit matin, ses conclusions le laissaient très perplexe, tout devenait soudainement flou et son discernement une fois de plus mis à rude épreuve. Tant de nouveaux paramètres s'ajoutaient que l'élaboration d'un quelconque diagnostic et d'une mise en place de corrections appropriées s'avérait au-dessus de ses forces. Mais, sans baisser les bras et il persévéra dans son entreprise.

Au bout de deux jours, il fit les constats suivant à savoir que :

La maison dégage un esprit d'hostilité contre ses habitants, et ce depuis deux ans. Mais avant cette période tout semblait irénique et harmonieux. La maison était pleinement dans la lumière ce qui n'est aujourd'hui plus le cas.

Actuellement, la marque d'une magie noire agissante repose sur elle depuis un mois environ, renforçant plus encore l'aversion de l'esprit de la demeure pour ses habitants. Par ailleurs, la nouvelle construction sur le terrain possède, par sa position géographique, la propriété d'aspirer les énergies de la demeure aux volets rouges la fragilisant très nettement.

Au niveau de la forêt, les esprits de la nature lui manifestent du mécontentement et sont belliqueux, quant à son âme celle-ci dégage une tristesse profonde depuis deux ans. Pour ce qui est de l'arbre multi-centenaire, la peur repose en lui.

Certes, s'il était content d'être parvenu à mettre le doigt sur tous ces disfonctionnements, Liberté ne savait pas comment remédier à cette situation en toute justesse.

Aussi, entreprit-il de présenter les conclusions de son étude, et de lui faire part de son désarroi.

- L : *Vois-tu Innommé, le combat de la forêt associé à celui de la maison contre les habitants du lieu est vraiment d'une grande violence mais je n'arrive pas encore à en percevoir la cause.*

Que peut donc bien signifier, une telle insurrection environnementale ? Que s'est-il passé depuis deux ans ?

Si cela continue, ses occupants auront de plus en plus de problèmes ? Jusqu'où ira l'escalade de la violence ? Alors, que puis-je faire dans une telle situation pour respecter à la fois les uns et les autres, sans décevoir l'un ou l'autre ? Pour qui dois-je prendre parti ? Innommé, je t'avoue mon impossibilité à discerner l'action juste à apporter dans ce cas précis.

- I : *Ton analyse est exhaustive, tu as bien cerné la situation. Alors que faire ? Sur quels critères discerner ce qui est juste à faire ou non ?*

Il y a deux ans, ceux qui habitaient cette demeure étaient de mes amis, je leur étais très proche, et leur amour pour la Vie ne cessait de mettre de la joie autour d'eux, dans la maison tout comme la forêt.

Si tu avais pris soin de regarder la couleur vibratoire de cette maison, tu aurais remarqué qu'il y a deux ans, cette maison ainsi que ses occupants étaient sur une dimension vibratoire très élevée et très spirituelle, et si tu remontes le temps tu verras que cette couleur était déjà là depuis plus de dix ans. Celle-ci était violette et parfois même, rose très pâle attestant de leur véritable élévation. Cet indice t'aurait permis de comprendre qu'effectivement depuis deux ans nous sommes en présence d'occupants de nature très différente que leurs prédécesseurs.

Un jour un accident de voiture les a emportés. Ils étaient sans enfants, et sitôt leur décès leur maison fut vendue par des héritiers lointains. Quant aux nouveaux occupants, depuis leur arrivée ils n'ont eu de cesse d'en détruire toute cette harmonie du lieu. Aussi la maison, le terrain et la forêt se sont alliés pour chasser ces indésirables.

Depuis quelques temps, beaucoup de manifestations étranges et désagréables se manifestent autour d'eux signe d'une grande hostilité issue de l'environnement. Un bruit court dans le village qu'ils ont fait venir un exorciste pour nettoyer la maison. Et c'est exact, tu as bien vu la marque de la magie qui planait sur ses habitants. Quant à son origine, elle provient de celui qu'ils ont fait venir. Pensant qu'un sort leur avait été jeté, ils ont fait appel à un bien triste personnage. Cette influence néfaste que tu as de fait ressenti sur cette maison est en lien direct avec le rituel d'exorcisme inapproprié pratiqué par cet homme lui-même habité par le mal.

Alors voici, une clé pour connaître l'action la plus juste à tenir en cette situation précise. La clé, c'est la Vie. Qui est vivant ? Qui est dans l'être ? Regarde les âmes de chacun, que te révèlent-elles ? Où se situe véritablement le danger ? Qui est le destructeur ? Où es l'inconscient ? Qui donne la vie, ou bien qui cherche à la prendre ? Je te laisse maintenant avec ces indices, à toi maintenant de trouver la solution.

Après encore une nuit de réflexion, Liberté lui présenta ses toutes dernières conclusions.

- L : *Innommé, les protagonistes dans toute cette affaire, ce sont les résidents de la maison. Destructeurs, ils n'ont aucune conscience de la Vie. Et le drame, c'est qu'ils sont un réel danger pour l'équilibre de tous les vivants autour d'eux.*

Maintenant, la première idée qui m'est venue c'est celle-ci : nettoyer leur intérieur, et de rééquilibrer les lieux, mais dans ce cas n'y a-t-il pas un risque de les voir redoubler leurs efforts à plus détruire encore. Puis, une autre solution m'est venue à l'esprit : renforcer tout l'environnement comme le terrain, la forêt, et la maison afin qu'ils puissent tenir fermement dans le combat contre ces humains. Peut-être se décourageront-il de rester en ces lieux et qu'ils le quitteront le plus rapidement possible ?

Maintenant, Innommé, je sais ce que tu penses de cette idée. Comme tu me l'as déjà enseigné : tout ce qui est dans une dynamique de résistance reste toujours destructeur. Si j'augmente l'énergie environnementale, plus encore grandira la noirceur des hôtes de la maison et la guerre montera encore d'un cran.

Alors, j'ai médité sur le dernier indice que tu m'as donné : donner ou prendre. Les humains sont des êtres particuliers sur cette planète, en eux l'esprit peut accomplir de grandes choses tout comme d'autre plus bien moindre surtout lorsque le mal, l'esprit de ce monde, les dirige et les manipule.

Pour moi, la forêt, la maison, le terrain et les habitants sont tous dignes de la vie, si certains en sont conscients d'autres ne le sont pas, et j'entends ici les humains sous l'action du diabolisant en leur esprit. Aussi en les soustrayant à son action, j'ose croire qu'ils seront moins vindicatifs, plus conscients d'eux-mêmes et plus respectueux de la Vie.

En les investissant l'esprit de ce monde est parvenu à déformer leur vision de l'existence et à se servir d'eux. Son unique but : détruire ce vivant qu'il détestait tant depuis plus de dix longues années. Jadis ce lieu était un hommage merveilleux rendu à la Vie, aujourd'hui le malin semble comme se déchaîner pour le détruire. Alors, s'il faut un responsable, c'est lui.

Pour conclure, je dirai qu'il faut au plus vite, effacer l'esprit maléfique à l'œuvre chez ces occupants et faire de même pour toutes ces mémoires nocives apparues en ces lieux depuis ces dernières années. Quant au chalet qui vampirise la maison, le mieux serait de procéder à l'annulation du lien destructeur qui les unit.

Pour Innommé, l'exercice avait amplement porté ses fruits.

- I : *Tes conclusions sont justes, ce que tu veux faire est cohérent au regard de la Vie. Mais prends garde à ceci, n'oublie jamais dans ton travail qu'en retirant les mémoires nocives déjà existantes sur le passé et le présent, il te faut aussi l'accomplir de même dans le futur, sinon le mal y sera toujours potentiellement présent. Si l'homme pouvait un jour réaliser combien il a cette mauvaise habitude de programmer en mal son futur !*

Maintenant sache qu'au-delà de ce que tu penses pouvoir accomplir, il en est Un qui agira bien plus que tu ne l'imagines. Avant le Feu vient l'étincelle, ce que tu es devenu, mais le Feu te dépassera toujours, sans ne jamais t'appartenir. Toi, l'étincelle, Lui le Feu mais sans toi pas d'embrasement possible, ainsi en est-il ici-bas du mystère de l'incarnation ! Appelle le Feu !

La seule arme de pacification massive :
l'Âme éveillée

Innommé était toujours très attentif aux questions de Liberté. Celle de Dieu lui semblait particulièrement pertinente.

- I : *Liberté, ouvre bien ton cœur ! Dieu, que d'inepties entendues à son propos. Voici, l'une des plus courantes : qu'ai-je pu faire au bon dieu pour mériter cela ?*

Inconscience, logique perverse du monde de l'esprit où il vous faut un responsable ou un juge, et quoi de plus commode que de reporter la responsabilité de ce qui vous arrive négativement sur celui là-même dont vous êtes le plus éloigné. Cette perversion ira jusqu'à lui accorder cette fausse croyance, ô combien tenace, d'une capacité à punir. Les fanatiques la revendiquent avec délectation.

Mais ce qui est étrange, et ne l'as-tu pas remarqué, c'est que devant la grande prégnance du mal de ce monde, Dieu se tait et garde les bras croisés. Ainsi pour celui qui pratique le mal parvenant toujours à sortir indemne de son iniquité, il deviendrait presque légitime de demander : où est ton Dieu ? Effectivement Dieu serait-il absent de ce monde ? Ferait-il preuve de partialité pour certains ? Serait-il aveugle devant l'iniquité de ceux qui se revendiquent de lui ou le manipulent ?

Ici, vois-tu, Dieu n'a rien à voir avec tout cela, il est vain de l'invoquer ou de l'évoquer dans le cadre d'une quelconque situation de vie déviante. S'il semble être le grand absent de ce monde sache qu'Il n'est jamais si loin, qu'Il attend simplement l'ouverture de notre âme mais, pour la plupart d'entre nous celle-ci, est sous l'emprise de l'esprit de ce monde qui a su merveilleusement bien nous détourner de nous-même. Quant à nous, maintenant, nous continuons encore et toujours à mettre sur Dieu la responsabilité de l'incohérence y compris de l'absurdité de notre vie.

Tu sais tant que nous ne nous sommes pas trouvés, Dieu n'a que faire de ce que nous accomplissons car nous sommes toujours dans l'illusion de Lui. Et Il se moque de la fausse image que nous avons de Lui ou que les religions confessent de façon malsaine, ou pire de façon maligne par intégrisme ou fanatisme.

Voici s'il me fallait présenter Dieu, Il est celui qui nous attend tout au fond du jardin de notre Invisible Vivant. Il est le Bien-Aimé de l'âme laquelle méconnue est maltraitée en permanence. Tant que perdurera cette situation de la violence sur l'âme, Dieu se tient en silence au-dessus de ceux et celles qui sont dans l'ignorance d'eux-mêmes. Si Dieu endure la séparation, dites-vous qu'Il n'a jamais projeté un quelconque mal sur autrui.

L'homme, dans son mensonge sur lui-même, sait tellement bien le faire sans son aide. Puisse-t-il un jour se rappeler que l'origine du désordre de sa vie privée ou collective, il la doit simplement à son inconscience de lui-même. L'important n'est pas de gérer notre inconscient par je ne sais quelle pratique mais tout simplement de vouloir en sortir, et de faire les tous premiers pas.

Oui, Dieu n'a jamais eu l'intention de punir l'homme, et si les religions l'enseignent encore, j'invite leurs dévots à réviser urgemment leur croyance et à se poser cette question : A qui cet enseignement a-t-il pu profiter au cours de l'histoire humaine ? Cette perversité enseignée sur le créateur, qui sert-elle ?

Croire que Dieu puisse nous faire payer nos fautes, voici l'illusion suprême, entretenue par certaines croyances visant à asservir l'homme. C'est là toute l'œuvre de récupération d'un mauvais esprit pour lui-même, celui du monde, qui se faisant passer pour Dieu, a falsifié et détourné son message originel. Et je parle ici de son prince : le malin.

Dieu est devenu tel un épouvantail par le subterfuge de certains enseignements religieux erronés. Par l'entremise du mal, ce serpent des origines : menteur, rusé et orgueilleux, jadis lové autour de l'arbre de la connaissance du bien et du mal, celui-ci est enfin parvenu à étouffer l'humanité par ses soins pervers en s'en assurant ainsi la totale possession. Ses feuilles sont d'acier, urticantes, voire empoisonnées. Presque plus rien n'y est bon, tout y est devenu démentiel. Par une transformation quasi génétique l'arbre du bien et du mal aura bientôt disparu. Devant ce désastre écosophique Dieu s'abstient de faire quoi que ce soit.

Ainsi Dieu est-il devenu dans l'esprit des hommes telle une ombre et profitant de l'oubli des hommes sur eux-mêmes et sur Dieu, le mal en totale impunité œuvre, aujourd'hui ici-bas, habilement déguisé en faux savant. Sans Dieu le monde se détruit, va à sa perte et ce n'est pas la première fois que cela se produit dans l'histoire de l'humanité. Sans Dieu, l'âme des hommes se meurt et s'éteint l'humanité. Aussi vois-tu ici rien de neuf sous le soleil, éternelle réplication !

Après l'infiltration de la religion, en s'immisçant dans la science des hommes, le falsificateur est parvenu à faire d'elle une déesse que tous doivent vénérer avec crainte. Désormais il porte toute son attention à contrôler sournoisement et à condamner ceux et celles qui n'adhèrent pas à son discours ou à ses pratiques. De surcroit pour le faux scientifique, c'est une nouvelle occasion de se moquer de Dieu et de le réduire à ces mots : un leurre pour les hommes sans savoir, un fourre-tout pour le non encore expliqué.

Il est très dommageable que l'homme ait pu délaisser à ce point son âme, car cette inconnue est désormais totalement absente de la grande équation du mystère de sa vie qu'il cherche vainement à résoudre. Réduite en ces termes mêmes, l'équation restera toujours fondamentalement fausse pour le plus grand bonheur du saboteur.

Quant à ce dernier, jour après jour, siècle après siècle il nous a transformés en ignorant de nous-mêmes. Esclavage de notre inconscient, nous sommes devenus tels des fantômes, sans consistance, incapables de distinguer notre droite de notre gauche, le bien du mal.

Tant que l'homme reste perdu, égaré, éloigné de lui-même, Dieu ne peut plus rien pour lui ici-bas. Il reste dans l'attente qu'une âme, ne serait-ce qu'une seule, capable de se retrouver au top de son potentiel spirituel, pour faire corps avec elle, afin d'œuvrer au salut de ce monde.

Alors à quand l'image et la ressemblance de Dieu ?

Bientôt, très bientôt Liberté ! Les temps sont proches où l'arbre de la connaissance du bien et du mal sera retrouvé, et l'adversaire enfin terrassé. Lorsque l'homme recouvrira son âme, l'œuvre du Créateur pourra reprendre son cours dans la Justice et la Vérité. Mais j'ai tort d'en parler au futur, car cette Réalité est déjà présente en bien des hommes dont l'Âme est épousée par Dieu, et qui par Lui, en Lui et pour Lui ont retrouvé leur totale capacité de prendre soin du jardin et d'y remettre la Vie.

La seule arme de pacification massive, Liberté, c'est ton âme éveillée. Elle ne blesse, ni ne tue, ne fait jamais parler d'elle et œuvre à la paix des hommes dans le secret de Dieu.

Toutes autres armes ne sont que la voix du diable, et cela quel que soit le camp où elles se trouvent. N'oublie jamais que tout pays adepte des armes l'est aussi du diable.

Et les anges, que peuvent-ils accomplir ?

- L : Innommé, le monde des anges passionne beaucoup de monde en ces temps-ci mais qui sont-ils en fin de compte ? Que peuvent-ils accomplir ? Quel est leur champ d'action ?

- I : Oui tu as raison, les anges sont très prisés en ce moment. Certains croient être parvenus à identifier le nom de celui qui les a en charge, et ce à partir d'une liste de 72 anges qui gèreraient l'intégral de la population mondiale.

Te rends-tu compte de l'ineptie de cela ? Une fois de plus, le trompeur cherche à les illusionner. Que savent-ils en fait de ces créatures ?

Vois-tu les anges sont myriades, tu en as un tout personnellement, il te sera à jamais unique et partagé par nul autre, et son nom te restera inconnu. Autrement dit, si tu le connaissais, tu pourrais avoir la main mise sur lui avec autorité et pouvoir.

L'être céleste est libre, et doit absolument le rester. Sa nature est d'aider ceux et celles en quête de liberté et de vérité. Par ailleurs, au-dessus d'eux, il y a les archanges, ces grands gestionnaires de ces armées innombrables d'anges.

En l'espace d'une vingtaine d'années que de fausses croyances sont apparues à leur sujet. Le monde est complètement à côté de la plaque, ou plus exactement déconnecté de ce qu'est la véritable spiritualité.

Dernièrement, j'ai rencontré une mère de famille me disant qu'elle avait fait venir quatre archanges chez elle pour trois jours. Le temps imparti écoulé, elle a proposé à une amie de les prendre en sa demeure afin de continuer la chaine d'accueil de ces êtres hautement spirituels.

Cela dit, elle ne s'en trouvait guère mieux après leur passage. Les créatures étaient censées remettre de l'ordre dans sa vie tout comme en sa demeure. Dans les faits, rien de tout cela n'était advenu. Aussi cherchait-elle en venant me trouver à en connaître la raison. Qu'est-ce qui n'avait pas fonctionné ?

Devant son interrogation, je lui ai posé quelques questions ; pour chacune d'elle sa réponse fut négative :

Par rapport aux 90 % de la population pauvre de la terre, en faites-vous partie ?

La disparition des espèces animales, le réchauffement climatique, la disparition des forêts primaires, est-ce une de vos préoccupations ?

Les enfants dans les mines au péril de leur vie à la recherche des métaux rares pour la fabrication de vos téléphones portables, y êtes-vous sensible, cela préoccupe-t-il ?

Au gré des modes saisonnières, toute la famille renouvelle ses vêtements. Sont-ils usés ? Est-ce capital ? Pas le moins du monde, seulement pour satisfaire la mode, celle-ci passée les industriels brûleront des tonnes de vêtement non vendus.

Que des matières premières aient été soustraites de notre terre mère, que des petites mains aient confectionné vos vêtements pour un salaire de misère, et qu'au final cela soit mis au bucher au nom de la mode, trouvez-vous cela normal ?

La liste de tous ses méfaits à l'égard de la création aurait pu s'allonger encore. Et voilà qu'elle souhaitait de la part de ses hôtes, un mieux-être, plus de qualité de vie, plus d'abondance.... Où se trouvait son respect de la vie dans tout cela ? Egoïsme, pouvoir, orgueil, envie, mensonge...

Penses-tu que les archanges du Très Haut auraient pu répondre à son insolente invitation ?

Aujourd'hui elle a intégré ce nouveau paradigme au sujet des anges et des archanges à savoir qu'ils s'adjoignent à vous si, et seulement si, vous partagez avec eux ce même combat pour la vie. Si la lutte contre le mal destructeur de cette planète n'est pas vôtre alors Ils s'absentent et désertent votre existence.

Voici la toute dernière question que je lui ai posée : qui selon vous a répondu à votre invitation ? L'en-haut ou l'en-bas ? Dieu ou diable ?

Ces quelques questions eurent vite fait, de lui remettre les pendules à l'heure. Cette mère de famille se rendit compte de son impertinence. Aujourd'hui elle essaie de rectifier le tir, et je l'aide à reprendre conscience spirituellement de ce qu'est la Vie.

Maintenant voici encore un autre aspect de l'ange, que tu méconnais peut-être ? Sais-tu Liberté qu'il peut aussi se retrouver aux enfers ?

Nombre de personnes ont leurs anges gardiens tellement chargés des chocs qu'ils ont pris de la part du mal à leur place, qu'ils sont assignés à cette heure dans les enfers à cause de leur propre inconscience. J'ajouterai toutefois ceci, s'ils y sont, ils y retrouvent toujours une partie de l'âme qu'ils servaient.

Comprends-tu, qu'une partie de ton âme puisse, déjà de ton vivant, se retrouver dans les enfers ?

Je pense à ces gens qui, ayant lié dans les abysses infernales leur ange et leur âme, voudraient encore la visite pendant trois jours non pas de quatre anges, mais de quatre archanges. Mais de qui se moque-t-on ?

- I : Quoi des anges peuvent se retrouver aux enfers ! S'ils n'ont pas de protection que pouvons-nous pour eux ?

Je t'ai montré tout dernièrement, avec l'aide de la Transcendance, comment dégager les âmes, tout ou partie des enfers. Pour ce qui est des anges, tu procèderas de la même façon.

Sache qu'à ce moment-là, que ce soit pour l'un et l'autre, les anges seront à tes côtés. En revanche, si ton désir est grand de les aider, là en bas dans les enfers, les archanges seront aussi de concert avec toi. Dans ce cas, les invitations sont déplacées ! Tu t'en doutes bien.

N'oublie jamais ceci : ton ange représente ton esprit d'en-haut, celui que tu as reçu dès l'engendrement de ton âme. Il est ce communiquant spécifique entre toi et Dieu. S'il veille sur toi, tu te dois de veiller aussi sur lui. L'attention se doit d'être réciproque.

L'amour inconditionnel, une tromperie de plus !

Liberté venait de rentrer chez lui pour s'y reposer et s'y ressour-cer mais une question le taraudait. Dans l'après-midi, il avait fait la rencontre étrange et surprenante d'une femme très intrusive et visiblement déterminée à le rallier à sa cause. Dans la rue, elle l'avait directement accosté lui révélant ceci : « Je vois que vous êtes en quête de Lui et votre cœur est empli de lumière mais une seule chose vous manque : l'amour inconditionnel. Aimez envers et contre tout, ne jugez pas, espérez le meilleur pour chacun, soyez dans la pensée positive pour autrui, et vous transformerez le monde. C'est la seule chose qui importe !».

Ses mots l'avaient touché et résonnaient en sa tête, en réalité, cette femme venait de lui faire prendre conscience qu'il ne savait rien de ce qu'est : aimer et il ne savait plus quoi en penser, alors il laissa la nuit lui porter conseil. Au petit matin, il se réveilla avec pour seule réponse : « peau de banane ! ».

Cette info, brute de décoffrage, ne l'éclairait à vrai dire nullement au sujet de l'amour inconditionnel. Alors ni une, ni deux il alla rencontrer Innommé pour lui exposer son vécu de la veille et la mise en garde reçue au lever. Et, comme à l'accoutumée, en guise de réponse, il reçut une parabole dont son ami et guide en a le secret.

- I : « *Un jour un homme parcourait les chemins proclamant les vertus de l'amour inconditionnel, et voici qu'un mendiant vint à sa rencontre. « Hé ! L'ami, aurais-tu quelque chose à me* donner ? » L'homme obtempéra lui donnant des vivres et un peu d'argent. En bon prêcheur, convaincu des vertus de l'amour inconditionnel, il lui confia ceci : « Vois-tu l'ami, je t'aime pour ce que tu es au plus profond de toi, je ne te juge pas, ni ne cherche à connaître ton histoire. Cela ne m'appartient pas. Je t'espère un avenir le meilleur qui soit, et sois en paix ! Merci pour cette rencontre. »

Quelques années plus tard, le prédicateur mourut dans un accident et son âme descendit aux enfers. Là, il retrouva le mendiant à qui, jadis, il avait fait l'aumône. Ce dernier, colérique, lui fit ce reproche :

« Dis voir l'ami, ton amour inconditionnel est une belle supercherie, ta cécité est remarquable, n'avais-tu vraiment rien entrevu sur ma personne ? Bravo pour ta fausse compassion, combien en as-tu berné comme cela ? Lors de notre rencontre, je venais de tuer 21 personnes. Après notre entrevue m'ayant réconforté par tes belles paroles et comblé de tes victuailles, j'ai retrouvé la force d'en tuer encore trois autres. C'est à cette occasion que j'ai été abattu. Dis voir l'ami, où est ton discernement ? Tu n'avais donc pas vu le diable qui en moi m'obligeait d'accomplir cette ignominie. As-tu vu comme il était facile de te tromper et de t'illusionner ? Maintenant t'es-tu posée la question de savoir si tu étais toi aussi sous son influence ? »

A ces paroles, l'autre prit conscience qu'effectivement au fur et à mesure de son avancée sur terre, le mal, à travers lui, faisait son œuvre tout autour de lui et en lui. Lorsqu'une personne le lui faisait remarquer, chaque fois pour s'en justifier, il avait eu coutume de dire : « vous savez c'est normal, vous êtes victime d'une attaque du mal. Pour moi, c'est bon signe. Vous êtes sur le bon chemin ! ».

Quoiqu'il en soit, dans les faits, pour tous les deux, leurs routes semblaient prendre fin aux enfers liés l'un et l'autre par les forces *du mal. Puis un jour, semblant surgir de nulle part, un homme empli de Lumière vint à eux et les délia. Au sortir des enfers, il leur délivra cette parole : « L'autre fois je vous ai entendu parler de l'amour inconditionnel. Comprenez bien ceci : seul Dieu aime de cette façon. En ce qui me concerne j'ai tendance à dire que je ne sais pas encore aimer mais par contre j'ai comme un sixième sens pour détecter ce qu'est le non amour.*

Est-ce que je vous aime d'un amour inconditionnel ? Non je ne le puis, et cette expression est illusoire et absurde, parce que voyez-vous je n'en sais rien. C'est en prenant conscience de qui je suis, à savoir : rien, mais en venant vous chercher aux enfers je suis fidèle à l'amour. Faire cela pour vous, c'est nous respecter et nous aimer tous un peu plus. Sans vous, nous ne pourrions vivre ce mystère de l'amour.

Ma quête aujourd'hui la voici : nous libérer chaque jour plus encore de l'emprise du mal. Puissiez-vous à ce jour, désormais faire de même à votre tour. »

Maintenant Liberté, cette histoire t'éclaire-t-elle dans ton appréciation sur l'amour inconditionnel ?

- L : Parfaitement Innommé et sois-en remercié de m'avoir conté cela. Je pense avoir perçu concernant l'amour l'une de ses facettes : moins tu en parles, plus il se dit et moins tu en es sûr, plus il est sincère et véritable mais si le besoin se fait sentir pour toi de le dire, et de le proclamer, haut et fort, à tout vent alors tu t'en éloignes.

- I : Tu as raison Liberté ; l'important, vois-tu, c'est de l'expérimenter avec discernement et surtout de le mettre en acte pour transformer à chaque instant de ta vie. Ainsi dans ce toujours plus de liberté que tu offriras au monde, tu n'auras de cesse jusqu'à la fin de tes jours de la faire grandir. Cela d'abord se vit dans le moindre de tes instants et nul besoin de le proclamer, ce serait encore du temps de perdu. Le secret réside en ceci : tout faire pour se laisser aimer, envahir par Lui et Le rayonner. Cela se passe de mot, et le terme : inconditionnel paraît, ici, vain et déplacé. Apprends maintenant ceci : au passage de l'autre côté, il te faudra répondre à cette question : « Qu'as-tu libéré au nom de Celui qui t'aime ? En as-tu as balbutié un tout petit quelque chose à travers ton existence ?

Liberté perplexe s'interrogeait au sujet de cette femme rencontrée la veille. Qui était-elle donc ? Que pouvait-il pour elle ? Était-elle perdue ?

- I : Ne t'inquiète pas pour cette femme, désormais elle est en ton cœur en sécurité. Un jour tu le comprendras. Mais tu ne me sembles pas encore satisfait de ma réponse.

- L : Tu as bel et bien raison, je suis en colère contre moi même pour avoir si longuement tergiversé quant à ma position à tenir sur les dires de cette personne.

- I : C'est une leçon de plus dans ton apprentissage avec la Vie, Liberté ! Je t'ai déjà parlé de la parole du serpent au livre de la Genèse lorsqu'il suggère à Eve de braver l'interdit de manger de l'arbre de la connaissance du bien et du mal. Te souviens-tu de ce que dit Eve au serpent : « Dieu a dit : le jour où vous en mangerez, vous mourrez », et de cette réponse de l'adversaire : « Non vous ne mourrez pas mais le jour où vous en mangerez, vous deviendrez comme des dieux ».

Le tentateur s'attache toujours à placer l'homme en lieu et place de Dieu, et ça marche cela flatte tellement son égo. Vois-tu cet amour inconditionnel que seul Dieu peut honorer, le serpent t'a fait croire que tu pouvais te mettre en lieu et place de Dieu. Et cela t'a séduit, puis troublé. Voici un critère de discernement : ne te prend jamais pour Dieu. Alors la leçon du jour quelle était-elle ? Je lui donnerai bien l'intitulé suivant : l'amour inconditionnel, une tromperie de plus !

Prisonniers de la magie du temps….

Ce matin-là pour les deux compères tout allait de travers, leurs retrouvailles semblaient impossibles. Toutefois, Innommé avait fait le nécessaire pour qu'elles puissent avoir lieu. Liberté en semblait préoccupé et s'empressa de le rapporter à Innommé

- L : Tu as vu tous les empêchements que nous avons eu l'un et l'autre ce matin pour venir ici. C'est étrange j'avais cette impression que quelque chose nous barrait le chemin. A croire que ce sur quoi nous allions parler ce jour dérange quelqu'un ?

- I : Bien vu, lui dit-il, et sur quel sujet veux-tu que nous débattions ? Je ne serai pas surpris qu'il en soit la source de tous nos désagréments. J'ai en tête un mot, ne serait pas celui de : magie ? Est-ce là une de tes préoccupations ces temps-ci ?

- L : Depuis que je découvre avec toi l'Invisible Vivant, j'ai cette étrange sensation de voir de la magie partout, ça en devient presque délirant. Parfois, j'ai cette impression de me faire des films, et c'est de la folie ! Franchement la magie est-elle si prégnante tout autour de nous ?

Innommé se mit à rire et s'empressa d'en rajouter encore un peu plus :

- I : Mon pauvre, tu ne pouvais pas dire mieux, la vérité la voici : ici-bas tout est magie. Les hommes ne le savent plus, et si quelqu'un leurs en parle, ils s'en moquent. Vois-tu, tout ce qui t'environne s'ordonne à partir d'un fonctionnement subtil de l'invisible sur lequel tu as prise ou non. Un peu comme dans Harry

Potter, tu es du côté des magiciens ou des non-connaissant de ces lois : les « moldus ».

Maintenant si tu rentres dans la connaissance des lois qui gouvernent la Réalité, alors prends bien garde, et tu l'as très bien dit, nous pouvons parfois nous faire des films plus que délirants, et frôler de très près l'univers de la folie. Pour te parler de la magie, je prendrai l'exemple du temps, pour moi la magie par excellence. Nous sommes les victimes d'un personnage dévorant appelé, par les anciens du monde grec du nom de Chronos, le dieu du temps, lequel chez les romains prenait celui de Saturne, un dieu qui a encore certaines accointances avec Satan, un autre maître du temps encore.

Certaines religions, par prudence, nous mettent en garde de nous aventurer du côté du temps parce qu'effectivement nous sommes en présence de forces pour certaines sacrément dangereuses, pernicieuses et destructrices.

Malgré leurs mises en garde, le problème subsiste, il est toujours là. Les hommes sont toujours les esclaves et les prisonniers de la magie temps. »

Liberté pria Innommé d'être un peu plus explicite

- L : « Donne-moi, s'il te plait, un exemple de ce que tu avances là. J'ai un peu de mal à te suivre. »

- I : Attends voir, je ne dois pas aller bien loin pour t'illustrer mes propos d'aujourd'hui. Il y a deux jours, à la fin de ma conférence, un homme me demanda la parole. La quarantaine, bien de sa personne, un érudit ou peut-être un scientifique, à vrai dire, il contestait mon exposé et me mit au défi de lui révéler quelque chose au sujet de ces forces qui le liaient dans la vie et dont il serait, soi-disant, tributaire.

Voici quelle fut ma réponse : « Monsieur, je vous comprends, mon discours peut être à bien des égards déconcertant voir déroutant.

Maintenant si vous m'exhortez à un exercice pratique sur vous-même, je veux bien m'y prêter mais à deux conditions, premièrement que vous me redisiez votre ferme décision d'apprendre quelque chose des éléments constitutifs de votre dimension invisible, et deuxièmement je vous demande de bien vouloir m'accorder votre autorisation d'en corriger toutes nocivités, dérèglements ou perturbations susceptibles d'être mis en lumière à partir de cette lecture. A vous maintenant d'être vrai et de jouer le jeu. »

L'homme se prêta à sa demande et l'en remercia.

I : Tout d'abord, je ressens fatigue, beaucoup de stress et un manque de sommeil. Au matin vous avez cette impression de n'avoir pas récupéré de la nuit. La principale raison de tout cela, je l'attribue à une disharmonie en votre lieu de vie. Il est particulièrement dévitalisant, et je ne serai pas surpris que vous ayez une propension à vous en éloigner. En réalité, il vous met mal à l'aise. Sur le plan santé, je perçois des troubles au niveau digestif, vous avez une faiblesse sur les intestins et votre colonne vertébrale vous fait souffrir vers le milieu du dos. Au sujet de l'origine de vos soucis de santé, j'ai le regret de vous dire que cela est encore à relier avec la configuration énergétique actuelle votre appartement.

Sur le plan psychique, vous avez une tendance dépressive et parfois même suicidaire, si je remonte le fil de votre temps, je perçois que vous avez été la victime, au travail, d'un supérieur hiérarchique. C'était un manipulateur pervers narcissique. Subtilement, il a déposé en vous une part de son esprit destructeur, et il continue à petit feu le travail de sape de votre vie.

Ces évènements se sont déroulés aux alentours de vos 28 ans. Depuis, votre avenir se ferme, et rien de satisfaisant ne vous arrive, tout en votre vie est comme bloqué ou plus exactement comme sur voie de garage.

Maintenant, une personne défunte se trouve auprès de vous. Tous ces derniers temps, de jour comme de nuit, vous entendez des bruits dans votre espace de vie, une porte qui claque, des pas dans la maison, des tiroirs que l'on ouvre. Vous êtes inquiet aussi, par peur du qu'en dira-t-on, vous n'en parlez à personne. Toutes ces manifestations sont la résultante d'un appel à l'aide de celle qui se trouve à vos côtés en ce moment : votre mère décédée depuis peu. Elle souhaite de l'aide pour aller vers la lumière. Son souhait : être dégagée de cet espace-temps dont elle est prisonnière.

Alors étiez-vous conscient de toutes ces réalités invisibles qui empoisonnaient votre vie ?

Sans nul doute que non, mais dans les faits, elles étaient bel et bien là. Lorsque j'aurai procédé aux corrections nécessaires, vous verrez votre destin s'ouvrir et prendre une autre tournure. Voyez-vous votre vie était parsemée d'obstacles inconnus lesquels l'affectaient de façon pérenne. Prenons l'exemple de votre chambre, quoi que vous eussiez fait pour retrouver une certaine qualité de sommeil, vous n'y seriez jamais parvenu. Votre santé se serait lentement dégradée. En ce qui concerne votre mère, ce soir les manifestations ne seront plus. Votre mère et vous-même serez en paix.

Voyez-vous, qu'est-ce qui vous a guidé à venir ici ce soir ? J'y vois l'intervention de votre mère. Comprenez bien ceci, vous croyez avoir posé librement des actes en votre vie, mais si vous observez bien, à partir de cet exposé des faits, votre réalité de vie s'est ordonnée à partir d'un invisible environnemental lequel obéit à des lois précises souvent redoutables. Il peut être merveilleux mais aussi destructeur. En méconnaître les règles en jeu, c'est vivre en estropié de la vie inconscient que vous êtes la plupart du temps victime de ses mauvais aspects.

L'invisible vous a lié, formaté à partir de ses aspects ténébreux et votre vie a pris des tournures non librement choisies. Concrètement votre temps personnel n'est plus, un autre temps vous a happé, et qui n'est pas le vôtre. Vous en serez irrémédiablement sa victime.

L'homme avait bien suivi l'exposé des faits, et prit la parole :

- H : Je commence à comprendre, et d'ailleurs tout ce que vous avez exposé à mon propos est juste. Maintenant une question surgit en moi, lorsque j'ai emménagé dans l'appartement actuel avec mon épouse, deux ans plus tard nous avons divorcé. Elle ressentait ce lieu comme néfaste et cela la dérangeait. Je ne l'ai pas cru.

De fait très vite après notre emménagement, nos caractères ont changé, parfois nous ne nous reconnaissions plus. Était-ce là une vue de l'esprit de la part de mon ex, ou bien était-ce la réalité ? A vous entendre, j'ose croire maintenant que toutes nos dissensions ont peut-être eues, aussi, pour origine l'appartement ?

Innommé eut un sourire,

- I : Bravo, votre constat est juste. Dans cet appartement s'accomplirent beaucoup de séparations et un champ matriciel s'est constitué, induisant le divorce en votre domicile pour tous ceux et celles qui y habiteraient en couple. Le vôtre en a été victime. Par champ matriciel, j'entends une ambiance énergétique qui contraint ceux et celles qui sont à son contact assez longtemps à s'accorder à cette ambiance et à la reproduire en leur vie. Le drame lorsque le champ matriciel est destructeur, s'il induit le suicide, le divorce, la maladie, la violence…. Là les affaires se compliquent. Certes, ce champ n'est pas le vôtre mais sans le savoir vous êtes tombé sous son influence. Était-ce votre destin ? Bien sûr que non.

Voici donc un petit résumé ce qui s'est passé avec cet homme. Liberté, le temps nous est favorable ou néfaste mais nous sommes bien plus souvent victimes d'une ou plusieurs de ses matrices négatives sans le savoir. Tant que nous en sommes inconscients, nous subissons un temps qui nous est étranger et nous passons à côté de notre véritable avenir. Par contre si nous en sommes conscients de ces mécanismes à l'œuvre autour de nous et que nous apprenons à les déjouer, alors nous pouvons dégager, aplanir et rendre droit notre chemin de vie, et nous remettre véritablement en marche. En s'écartant, en s'échappant de toute matrice dévorante, les paramètres de notre vie changent, nous devenons libres et contribuons à faire de même pour tous ceux et celle qui étaient enfermés en son sein. »

Liberté essayait de comprendre, n'y avait-il pas un danger à agir de la sorte ? Il lui fit cette remarque.

- I : « Dis voir, ce que tu me dis du temps et de notre capacité à nous en détacher, je peux l'entendre mais si tous nous modifions notre temporalité, qu'advient-il du futur collectif ? Ne sommes-nous pas en train de nous prendre pour Dieu ? Ne serait-ce pas encore une ruse du serpent pour nous laisser un faux sentiment de liberté ? »

Innommé rétorqua : « Elle est révolue cette longue période de l'asservissement aux temps que ce soit ceux de l'économie, du social, du familial, du religieux ou du politique. Tous ces temps-là nous ont dominés depuis des millénaires au point de nous mener presqu'à notre perte. Oui nous pouvions être liés par notre histoire, et même pour certains en être les gardiens mais cette époque-là est révolue.

Désormais nous entrons dans un nouvel âge, où ces temps destructeurs retrouveront leur juste place, ils seront en cohérence avec l'équilibre du tout. Une nouvelle ère commence où les humains refuseront la dictature des matrices temporelles et seront à même avec sagesse d'en corriger leur dynamique au nom de la Vie. Nous retrouverons alors notre place et rôle propre sur cette planète.

Pour ce qui est du serpent, sache qu'il était gardien de l'arbre de la connaissance du bien et du mal. Celui qui parvient à retrouver la connaissance parvient à déjouer ses tactiques, le temps était nécessaire, y compris la mort. Intègre bien ceci : pour faire l'apprentissage de la connaissance du bien et du mal, il fallait aussi le serpent et sa place était essentielle.

Désormais, il se retrouve en partie désarmé, le temps lui échappe et pour nous s'ouvre alors une nouvelle ère où nous aurons de nouveau accès à l'arbre de vie. Ce sera le temps de l'éternelle nouveauté, rien de connu, rien de prévisible.

Alors oui, comme je le disais, tout est magie, comprendre celle du temps, c'est entrer dans un temps autre, celui de la Lumière, de la Vérité, de la Liberté et de la Vie, celui de l'Amour.

Voici maintenant une prière personnelle, je te la confie, quelque part elle résonne avec ce que vous venons d'échanger :

« *Ô mon âme toi qui me connais plus que moi-même,*

Mon histoire m'a éloigné de toi, elle m'a fait oublier ce que je suis.

J'en demande pardon,

Libère-moi des affres obligées de ma mémoire personnelle ou collective.

Et daigne dans ta paix me guider dans la non-violence.

Ô mon âme, je fais appel à ton charisme le plus beau qu'il soit, celui de ta charité !

Avec l'aide des trois,

Le Feu incréé reçu du Père,

Lumière Incréée donnée par son Fils,

Et le Son Incréé, l'Esprit reçu du Père et du Fils

Efface de mon esprit pour le bien de tous, cet inconscient obligeant et malfaisant.

Que mon esprit puisse recouvrer enfin sa véritable liberté

Alors ma parole, mes actes et mes prières toujours s'accorderont avec la Vie.

Qu'advienne ce jour de mes retrouvailles avec l'Instant de l'éternel présent,

Où libre d'esprit, d'âme et de cœur,

Je pourrai aider et guider mes frères vers notre patrie,

Dans ce même Moment Divin mû de tout mon Être par ta charité.

Que naisse enfin ce jour de l'Eternelle Rencontre ! »

Sortir de la magie du temps...

La fin du jour, tout comme le moment de se quitter arrivaient. Liberté fit à Innommé une toute dernière remarque : « Au sujet de la magie, qu'en est-il de celle des hommes ? De toutes ces magies multicolores qui empoisonnent le monde, tu ne m'en as pas parlé. Font-elles aussi partie de ce que tu appelles la magie du temps ?» Un nouveau dialogue se mit en place :

- I : Tu as tout compris, Liberté, comme je te l'ai dit tout est magie et tout est relié à la magie temporelle. Oui certains en connaissent certaines de ses règles et les utilise à leur fin pour nuire, empêcher, rendre malade, et même tuer. Ces actes tu t'en doutes sont toujours accomplis dans le but de bénéfices secondaires pour eux même : plus d'amour !?..., plus de richesse, plus de pouvoir. Certains ont besoin de rituels pour contraindre la matrice à agir sur la vie de tel ou tel, pour d'autres leurs pouvoirs psychiques suffisent à envoyer sur la vie des autres des forces obligeantes modifiant ainsi la nature de leurs futurs d'une façon malfaisante.

- L : Mais alors quelque part pour vivre ou plus exactement survivre sur cette planète, il nous faut être magicien ?

- I : Eh oui ! Quelque part, c'est incontournable. Tu es et je suis magicien. Si nous voulons corriger la matrice du temps pour les hommes ou pour ce monde, nous sommes obligés d'utiliser la magie, et il ne peut en être autrement. Et, il te faut l'assumer. Maintenant Liberté, je connais déjà ta future question : Et Dieu là-dedans ? Avons-nous son aval, son autorisation ? De quel droit nous permettons-nous de corriger la matrice du temps ?»

- L : Oui tu as raison, parce qu'en fait, pour moi, Dieu et la magie ça ne fait pas bon ménage quelque part. Dieu ne maudit-il pas les magiciens, ne dit-on pas qu'il les a en aversion et certains textes sacrés en parlent justement en ces termes ? Alors de me dire magicien, cela me fait peur. Je ne veux pas interférer avec Dieu, et aller à son encontre.

- I : Vois-tu, toi qui es de religion chrétienne, que demandait Jésus à ses disciples si ce n'est que de chasser les démons, autrement dit avec nos mots actuels, toutes ces intelligences malfaisantes générées par les hommes et leur vécu sous la mainmise de la matrice. Le démon, c'est un esprit né du cœur de l'homme et qui se met au service du temps destructeur. Concrètement cela suspendra la vie d'autrui dans un temps mortifère. Je prendrai cet exemple suivant de la vie du Christ. Il est édifiant. Jésus va guérir une femme atteinte d'un mal depuis 18 ans un jour de sabbat. Ce jour-là est réservé à Dieu et il est sacré.

Interroge-toi en écoutant ce texte : où es le magicien ? Mais je préfère te citer le texte de Luc 13, 10-17 :

« Jésus enseignait dans une des synagogues, le jour du sabbat. Or il y avait là une femme habitée par un esprit qui la rendait infirme depuis 18 ans ; elle était courbée et ne pouvait pas du tout se redresser. Lorsqu'il la vit, Jésus lui adressa la parole et lui dit : « Femme, tu es délivrée de ton infirmité. » Il posa les mains sur elle ; immédiatement elle se redressa, et elle se mit à célébrer la gloire de Dieu.

Mais le chef de la synagogue, indigné de ce que Jésus avait fait une guérison un jour de sabbat, dit à la foule : « Il y a six jours pour travailler, venez donc vous faire guérir ces jours-là et non pas le jour du sabbat. »

Le Seigneur lui répondit en ces termes : « Hypocrites ! Le jour du sabbat, chacun de vous ne détache-t-il pas son bœuf ou son âne de la mangeoire pour le mener boire ? Et cette femme, qui est une fille d'Abraham et que Satan tenait attachée depuis 18 ans, ne fallait-il pas la délivrer de cette chaîne le jour du sabbat ?» Ces paroles remplirent de honte tous ses adversaires, et la foule entière se réjouissait de toutes les merveilles qu'il faisait. »

Ici, tout s'y trouve merveilleusement rassemblé, Dieu, le temps, l'interdit temporel du jour du sabbat réservé à Dieu, et Jésus qui prend des libertés face à l'interdit pour délivrer une femme liée depuis 18 ans par Satan (souviens-toi le maître du temps !). Jésus est donc celui qui fait barrage à l'œuvre du maître du temps, et s'il brave le jour du sabbat, ce temps réservé à Dieu, cela mérite réflexion. En réalité ce temps du sabbat, à quoi correspond-t-il ? Entre-t-il dans la catégorie de la matrice temporelle ? En est-il exclu ?

Apparemment non, si le sabbat, ce temps sacré, est vécu dans les faits par ceux et celles qui l'honorent comme un autre jour, chacun prenant soin de ses animaux, alors nous sommes en présence de simagrées matricielles. Si la réalité du sabbat implique que l'homme ne fasse rien, et que dans les faits il n'en soit rien. Cela veut alors dire que le sabbat devient un outil de plus pour les serviteurs du temps.

Vois-tu Jésus prend beaucoup de liberté par rapport à l'obligeance du sabbat. Oui, ce jour est réservé à Dieu, mais pour moi, sans nul doute, c'est ici un indice que ce magicien-là œuvre au nom de Dieu, et pourquoi pas justement se devait-il d'agir pour cette femme au jour spécialement réservé à Dieu ? J'ose dire maintenant de Jésus, qu'il est celui venu montrer à l'homme qu'il est possible de sortir de la matrice destructrice et de ses illusions perverses. Et s'il pose justement la guérison un jour de sabbat, il vient nous dire haut et fort qu'il n'appartient pas à la matrice temporelle mais qu'il en est plutôt son régulateur. Alors si les démons qui sont à la solde de Satan ont pour mission de dévier le destin des hommes par un temps obligé, et dans notre histoire cela durait depuis 18 ans, Jésus nous fait entendre qu'il nous faut sortir de cette galère multi millénaire de la magie du temps.

Maintenant Liberté, saisis-tu de quoi il en retourne lorsque j'utilise ce mot de magicien pour nous décrire. Oui, désolé pour toi mais magicien tu l'es ! Quant à sa modalité, ce ne sera jamais au sens où le monde ou la religion l'entendent. Perçois-tu cette subtilité, cette nuance à savoir que tu es désormais dans ce temps, mais que tu n'en fais plus véritablement partie et que tu lui échappes. Tout au plus tu es tel ce petit grain de sable capable de gripper les rouages de la matrice temporelle, avec ses cohortes de démons, autrement dit encore ces fidèles entités temporelles destructrices, gardiennes du temps. Maintenant, dis-moi, ai-je répondu à ton questionnement spirituel ?

- L : Oui je t'en remercie, mais j'ai encore une autre interrogation, Innommé, à savoir quel est notre rapport au temps ? Où nous situons-nous ? Ce que nous vivons à chaque instant que nous offre la Vie, serait-ce quelque chose de l'instant-présent ?

- I : Tu n'as pas compris que l'instant-présent est encore une fiction matricielle. Beaucoup d'hommes et de femmes se leurrent quant à son existence et ses bienfaits. Ceux qui en sont les porte-paroles ne sont que des VIP de la matrice temporelle, des faux prophètes. Liberté intègre bien ceci : tu n'appartiens plus au temps, tu es l'anti matrice du temps. Sur toi le temps n'a plus de prise. Parler d'instant-présent, psychiquement, c'est adopter cette place où le persécuté se met à aimer son bourreau. Le temps le détruit, il le sait mais par un subtil travail schizophrénique, il essaie de le nier. Tu le sais pourtant fort bien, ta vie est de constamment te dégager de son emprise, et jour après jour de défaire les liens évènementiels que tu aurais pu poser dans la vie de ce monde.

N'oublie jamais que Satan, le maître du temps, est constamment à l'affût de chacun d'eux et qu'il pourrait très vite les récupérer. Lorsque tu seras arrivé à cet état d'être, c'est à dire de ne plus être dans la matrice, alors tu entreras dans la compréhension du mystère de l'invisible, de l'indicible, de l'inaudible, de l'ineffable, de l'impalpable. Il sera difficile, tout comme pour tes proches de te décrire car tu ne seras plus dans la même réalité. Pour éclairer ceci, je reviens au mystère Christique.

Vois-tu pour le Christ, à Pâques, sa Résurrection d'entre les morts, c'est quoi ? Un tombeau vide. Pourquoi ? Serait-ce par là nous dire, en filigrane, qu'il n'appartient plus à cet espace-temps matriciel, qu'il s'en est affranchi. Souviens-toi, et je te l'ai déjà dit, en grec, le mot « mnemeion » signifie la mémoire mais aussi le tombeau, cette ultime souvenir réservée à un individu après son passage sur terre. Si la mise au tombeau était censée symboliser cet enfermement, cette récupération du Christ dans la matrice du temps, alors un tombeau vide, c'est lui lancer cet affront suprême qu'elle a perdu la face. C'est un sacré camouflet donné au maître du temps : Satan. Le tombeau vide, plus que la victoire sur la mort, c'est annoncer haut et fort que Christ n'est plus dans le définissable, dans le matriciellement correct.

Autre question, pourquoi nul ne peut le reconnaître après ses apparitions, tous en ont été incapables : Marie Madeleine, les disciples d'Emmaüs, Pierre, Jean, Thomas... ? Regarde, c'est toujours le même scénario, personne ne le reconnait et c'est lui seul qui viendra s'identifier à eux mais chaque fois sitôt reconnu, sitôt disparu. S'il fait cela, il se retire de leur mémoire, cet autre tombeau matriciant, parce qu'il sait que l'homme est ainsi : un constructeur de nécropole.

T'es-tu posé la question de savoir pourquoi nul ne peut le reconnaître à nouveau, même s'il a déjà été vu par l'un d'eux en tant que Ressuscité ? Pourquoi est-ce que nulle personne ne peut lui donner un visage ? Alors Christ où est-il ? Dans la temporalité ? Non, Christ est dans une forme d'atemporalité, et ce radicalement.

Maintenant, Liberté, voici ce à quoi tu es appelé : sortir du moule obligeant, et petit à petit ta nature changera, tu comprendras alors ce que veut dire vivre en ressuscité, c'est à dire être dans le temps et à la fois hors du temps, soucieux de ta vocation d'être, à sa suite, l'anti-matrice.

Mon ami, saisis-tu, combien il est difficile de parler de la Réalité dans laquelle tu te trouves et que tu te dois de vivre au quotidien. Ici, les mots manquent, nous échappent, et si certains nous happent, il faut nous en défaire. Si nous avons utilisé le terme de magicien, prenons conscience qu'ici encore ce terme est très inapproprié quant à ce que nous accomplissons !

En sortir incognito ?

Dès que Liberté eut regagné son domicile, dans la foulée, il passa un coup de fil à Innommé, pour un tout dernier échange sur Jésus, ce personnage anti Chronos.

- L : Dis voir Innommé, pour Jésus, en y réfléchissant bien, dès sa naissance tout semble déjà contrarier la matrice temporelle. C'est comme si au départ de son existence terrestre, il apparaissait déjà comme son adversaire.

Serait-ce qu'elle n'ait eu aucune prise sur lui durant toute sa vie ?

Si je reprends le récit de sa venue au monde. Dans le ciel luit un astre capable d'attirer l'attention et la vigilance de bergers mais aussi de trois rois mages. Ce sont à la fois des astronomes mais aussi les astrologues de l'époque. Pour eux, l'apparition de cette étoile signe la naissance d'un roi celui des juifs. Aussi se rendent-ils auprès du roi Hérode afin de connaître où le nouveau-né se trouve.

Apparemment rien n'annonçait dans les textes et prophéties son arrivée imminente. L'arrivée du Messie ferait donc fi des logiques et impératifs cosmiques, rien avec lui ne serait de l'ordre du prévisible ou du prédictif. Cette fois-ci, par l'entremise des mages, la matrice prend acte d'une irrégularité système, d'un bug allai-je dire.

Ce qui arrive là est surprenant, contraire au système, en tous les cas cela n'est de son fait. Et il va falloir prendre les mesures qui s'imposent pour ne pas en être victime.

Le premier concerné c'est le roi Hérode, et pour lui il y a péril en la demeure. Pour ce dernier, soudainement les cartes du destin sont susceptibles de changer, ce qui à vrai dire n'apparaissait dans nulle prédiction. Aussi va-t-il demander, à ces trois messagers, de bien vouloir revenir vers lui dès qu'ils auront retrouvé l'enfant afin d'aller à son tour lui rendre hommage, mais dans les faits nous savons que c'est pour le tuer.

Dans la réalité, les trois n'en feront rien et chacun des mages repartira chez lui sitôt la visite accomplie. Hérode, quant à lui, ordonnera de tuer tous les enfants nouveau-nés espérant par là-même éliminer le danger, celui capable de faire basculer sa réalité. Pour moi, la naissance du Christ, signe une radicale nouveauté, non prévisible, non prédictive.

Dès le commencement sa venue change les donnes du destin, sa réalité n'obéit à aucune loi de programmation. C'est comme s'il échappait aux radars de la grande intelligence matricielle, annonçant avant terme sa chute et sa destitution despotique.

J'ai cette conviction que dès le départ et durant toute la vie de Jésus, la grande ordonnatrice n'aura jamais été en mesure d'avoir une quelconque prise sur lui. Cette fois-ci ce serait plutôt l'inverse qui se produit.

- I : Tu as raison Liberté, ton approche est juste. Jésus a été préservé de Chronos dès l'instant de sa conception. De fait, Satan, le maître du temps n'a jamais eu mainmise sur lui et sa vie de Sauveur n'a trouvé pleinement sens qu'en venant démontrer qu'il était possible de le mettre en échec.

Quelque part, je reste persuadé que le péché originel dont nous sommes tous entachés, c'est d'avoir voulu vivre notre vie dans une histoire mais non sans conséquence parce que non éclairée.

Nous la croyons nôtre, mais en réalité nous héritons beaucoup de celles de nos descendants, ancêtres et contemporains.

Nous subissons tous quelque chose d'une légende malfaisante familiale et collective qui nous précède et nous malmène. Pour ce qui est du Christ, et ce n'est pas un hasard, si la tradition nous dit que Marie, sa mère, ait été préservée du péché originel, c'est-à-dire écartée d'un héritage transgénérationnel et trans-collectif destructeurs en prise avec le malin.

Concrètement, il serait celui qui entre dans l'histoire des hommes sans en être sa victime, et pour leur enseigner comment ne plus être victime de leur bourreau. Alors l'histoire de Jésus pourrait se traduire par ceci : être à la fois dans le temps et hors du temps, celui qui est venu effacer les œuvres du père du mensonge et en-seigner aux hommes comment se garder de ses pièges si subtils et retors.

Désormais, pour nous à sa suite, nous avons à reprendre le bâton de pèlerin, et à retrouver le chemin de la Vie étant à la fois dans ce monde mais plus de ce monde.

Puissions-nous aider chacun à comprendre que toute notre vie se doit d'être une lutte permanente contre les forces perverses et si contraignantes mises en place par le maître de la machine : Satan, le machiavélique.

Beaucoup d'individus refusent cette lutte et ne s'en sentent pas capables mais c'est à ce seul prix que nous retrouverons notre véritable liberté et que le monde pourra être sauvé des griffes de son tortionnaire.

Quant au Christ, vois-tu, s'il devait revenir, le processus resterait toujours le même. Rien ne pourrait le prédire ou l'annoncer. Qui plus est, depuis la Résurrection, il est là sans être là. Alors sois sur tes gardes, écoute ton cœur. S'il vient, écoute-le, accueille-le mais sache qu'il repartira aussi vite qu'il est venu, et qu'aussitôt tu en oublieras les traits de son visage car, en réalité, il n'en n'a pas. Voilà ce à quoi nous sommes appelés à vivre et à manifester.

Tu comprendras aussi au fil de ton existence toute l'importance de ne laisser aucune trace sur cette terre, de tout faire pour effacer toutes les empreintes que tu aurais pu laisser.

Et si tu en avais un secret désir, ne serait-ce que de te faire une belle renommée, sous je ne sais quelle sainteté, sache qu'une fois de plus ce serait faire l'œuvre du diable. Il te faudra repartir, d'icibas, incognito de cette immense toile interactive et maléfique alimentée et composée par tous tes fils mémoriels. Intègre bien ceci, tous ceux qui se prêtent volontiers à son jeu, elle les immobilise, les pétrifie et les consume à petit feu.

Maintenant, mon ami, il est bien tard, voici venu le temps de nous reposer un peu. Bonne nuit.

Eliminer les démons, aujourd'hui qui y croit ?

Sitôt rendus sur le site pour, à la demande d'un couple, le réharmoniser, Liberté y ressentit rapidement des manifestations somatiques : vertiges, nausées, malaise…. Il connaissait bien ces symptômes qu'il corrélait chaque fois avec une présence importante d'âmes défuntes souffrantes. Innommé vit le mal être de son compagnon, aussi prirent-ils soin de travailler à distance, à l'écart du lieu, pour qu'il n'en soit pas affecté outre mesure.

Pour ce couple qui les avait appelés au chevet de leur demeure, il y avait urgence. Depuis quatre ans, l'épouse était dans un état pitoyable : tremblements quasi permanents, agacements, envie de meurtre sur son mari et de se suicider. Ils vivaient dans l'isolement le plus complet, plus personne ne venait leur rendre visite, même leurs enfants refusaient de revenir en cette demeure laquelle, selon eux, était diabolique. Alors que se passait-il ?

Les deux amis s'accordaient sur la réalité des faits. Ils se trouvaient en présence d'un important groupe d'âmes retenues captives sur leur terrain à l'entour. La plupart d'entre elles avaient en moyenne huit cents ans d'existence, et c'est précisément l'une d'elle qui était entrée chez l'épouse. En fin de journée, tout était dégagé. Les âmes avaient été libérées, y compris celle qui induisait chez cette femme tant de symptômes malfaisants. Elle avait enfin recouvré la paix, ce qu'elle n'avait plus connu depuis tant d'années. Tout semblait donc rentrer dans l'ordre.

En soirée, ils eurent la surprise de recevoir la visite de leurs voisins. Voici dix ans qu'ils n'avaient plus franchis le seuil de leur maison. Pour ce qui est de la maîtresse des lieux, libérée de ses tourments, elle ne savait plus que faire pour remercier les deux compères. Sur le chemin du retour, les deux compagnons firent le bilan de leur journée. Liberté ouvrit le ban.

- L : Comment se fait-il que tant d'âmes se soient retrouvées emprises depuis si longtemps, au point d'empoisonner les vivants de la sorte ?

- I : Tu sais, les hommes sont peu soucieux de leur âme, ils ne la connaissent pas. Si je prends la religion catholique, jadis, elle condamnait des âmes en nom et place de Dieu, faisant par là-même l'œuvre du mal. Combien d'âmes damnées, maudites voir interdites de salut reposent au tréfonds de notre terre et tourmentent encore les vivants, trouves-tu cela normal ?

Cette situation vécue aujourd'hui n'est pas si rare que cela. Si nous pouvions envisager ou imaginer un seul instant, combien de malheurs et de traumas vécus par les humains d'aujourd'hui, sont dus à des âmes en souffrance. Faute d'une méconnaissance des hommes sur eux-mêmes, et d'une démission de certaines instances religieuses, les voici qu'ils souffrent inconsciemment et inutilement. Pour ce qui est du ciel, il pleure les siens ! Comprends-tu cela ?

- L : Innommé, cela je l'ai fort bien intégré mais ce que j'ai du mal à saisir, c'est le mécanisme d'emprisonnement des âmes. Le ciel ne peut-il rien faire ?

- I : Non, s'il est un secret fort bien gardé et que nul ne veut dévoiler, pas même les religions, le voici : nous sommes responsables de nos âmes, et tel un trésor qui nous a été confié, nous devons le faire fructifier. J'ai bien peur que si nous en étions conscients, les religions perdraient de leur emprise sur nous. Quoi qu'il en soit, pour notre réalité, c'est dramatique. Au fil de toutes nos incarnations successives, le mal grapille des petits morceaux de notre être spirituel. Finalement, ce trésor qu'est notre âme finit par fondre comme peau de chagrin. Entre cette âme originelle reçue et celle d'aujourd'hui, une bonne partie se trouve perdue dans les enfers de nos vie passées. Quant à Satan, lui, il patiente tout en sachant que celles-ci seront siennes dans peu de temps. Bien sûr, il reste vigilant et prend bien soin d'organiser au mieux nos vies futures, et tu t'en doutes non sans un malin plaisir. Pour ce qui est du ciel dont tu t'étonnes qu'il ne fasse rien, dis-toi qu'il ne le peut, qu'il nous a déjà tout donné. Nous avons tous les outils pour nous en sortir. Voudrais-tu encore que quelqu'un fasse le travail à ta place ? Ce serait le comble !

- L : Mais si sur le plan de l'être nous souffrons une perte ou plus exactement une dispersion d'âme de par nos vies passées, comment cela se traduit-il dans les faits ?

- I : Il en est un qui affectionne les âmes d'un amour dévorant, je parle ici de l'illusionniste, du menteur. Il est passé expert dans l'art de ravir chez les personnes certaines partie de leur âme. De rapt en rapt, il la fragilise, puis la neutralise, la paralyse pour au final l'avilir en ses dernières vies la rendant extrêmement destructrice. Plus ta part spirituelle originelle est divise, dispersée en d'autres temps et lieux, plus tu es en danger. En d'autres termes cela signifie que l'adversaire t'a déjà quelque part en sa possession.

Observe bien toutes ces personnes qualifiées de maléfiques par leur proche, ou de toutes celles que tu as croisées jusqu'à ce jour, Liberté, si tu les regardes bien, la majeure partie de leur âme était déjà dans les ténèbres. Etaient-elles libres de leur choix ? Non. Quelqu'un avait-il pris soin d'elles ? Non. Tout au plus l'envie nous était-elle venue de les maudire plus encore mais c'eut été faire, par là même, un cadeau au saboteur.

Curieusement lorsque tu rapatries les morceaux d'âmes éparses pour tous ces êtres, leurs tourmentes se dissipent. Le besoin de faire le mal s'estompe. Si nous regardons ceux et celles dont une petite partie d'âme repose déjà, sans le savoir, dans les enfers, cela se traduira en leur existence par un manque voire une détresse, et sur ce mal être existentiel, ils ne pourront y mettre aucun mot. Dès que l'âme recouvre son aspect originel ou son intégrité, la paix alors s'installe.

- L : Maintenant, Innommé, que s'était-il passé pour cette âme possessive en cette femme qui nous a accueilli ce matin en sa demeure ? Pourrions-nous dire qu'elle était victime d'une âme damnée, venue pour l'attirer dans les enfers ? Effectivement, elle appartenait à ce groupe d'âmes qui reposait sur le terrain mais finalement quelle était son intention ?

- I : Personnellement, je pense qu'il s'agissait d'un appel à venir les délivrer toutes. Elle devait porter en elle l'espoir de chacune d'elles, ce qui me semble bien légitime. Qu'espéraient-elles ? Que voulaient-elles ? Si ce n'est que quelqu'un les sorte de ces enfers. Bien sûr cela n'était pas sans conséquence pour l'hôte de ces lieux se trouvant investie par l'une d'elle.

L'issue aurait pu lui être tragique mais c'était un risque à prendre. Si nous pouvions seulement, l'espace d'un instant, être en mesure de ressentir leur détresse, le fait d'être aux enfers ! Nous en serions pris d'effroi....

Qu'à cela ne tienne, cela ne doit pas nous faire peur, plus que jamais nous devons prendre soin d'elles, et tout faire pour enseigner aux hommes à se respecter au niveau de leur âme, et comment faire pour en garder l'intégrité. Et voici quelle sera la résultante de tout cela : l'affaiblissement des forces du mal.

- L : Innommé, maintenant j'aimerai comprendre par quel mécanisme mystérieux s'opère la captation de nos parts spirituelles ? J'ai l'impression qu'une subtilité m'échappe.

- I : Liberté, du fait de notre incarnation d'âme, nous pouvons engendrer des anges mais aussi des démons. Ces derniers les hommes les affectionnent tout particulièrement, et ce par des mécanismes liés au pouvoir, à la jalousie, à la convoitise, le désir de richesse...

Tous ces intelligences maléfiques qu'ils ont ainsi générées, auront une vie propre. Elles viendront grandir les rangs des forces du mal, et accompagneront fidèlement chacun de ceux qui leur ont donné vie. Au terme de leur existence alourdis spirituellement par leurs propres démons, une partie d'eux s'en ira aux enfers.

Autant de forces spirituelles négatives, autant de liens pour l'en bas. C'est comme si vous lestiez votre âme d'un poids qui l'empêchera à jamais de s'élever. Voici la clé de notre libération spirituelle : éliminer les démons. Aujourd'hui qui y croit ?

- L : Innommé, ta vision spirituelle me laisse perplexe, parfois dubitatif. Ton approche du monde transcendantal est à mille lieux de ce que les religions enseignent. Hier, tu m'as dit qu'il était possible de peser les âmes. Reconnais que c'est difficilement concevable. Alors peux-tu m'en dire un peu plus à ce sujet ?

- I : Lorsque tu développes ton discernement spirituel d'abord à l'égard de toi-même alors toute ta vie semble comme basculer. Ce que tu observeras t'apparaitra dans sa vérité et c'est loin d'être beau ! Deux choix s'offriront à toi. Le premier te séparer égoïstement de ce qui n'est pas bon pour ta personne, au risque de vivre complètement en reclus pour fuir ce monde. Le deuxième choix, abandonner l'idée de cette fausse voie de salut, et entreprendre de changer ton existence environnementale et relationnelle. Pour cela, il te faut sonder ta réalité, quelque part tu ne peux plus regarder les êtres incarnés en termes d'indifférence, de condamnation voire de rejet.

Tu pèseras les âmes avec cette véritable intention, celle de restaurer leur intégrité avec justesse et bienveillance. Cette attitude n'est nullement du voyeurisme, ni de l'intrusif et ne procède en rien à un quelconque jugement. Cette façon d'être, de regarder la réalité de la sorte ne peut se concevoir qu'à cette unique condition celle d'aimer la Vie, par-dessus tout, pour la répandre inlassablement autour de toi.

Si tu es fidèle à ce que tu as découvert sur toi-même, tu dois prendre acte de ceci : ta vie est indissociable de celles à l'entour. Si certain(e)s voient leur existence happée par le mal, tu essaieras d'élargir leur conscience. Tu leur prodigueras tous les soins adéquats, et peut-être s'ouvriront-elles à cette reconnaissance de ce qu'est la Vie véritable. Le seul bémol à cela il te faudra toujours leur laisser la liberté même si tu t'es investi, pour elles, de tout ton être.

En aucun cas tu ne pourras les faire adhérer à ta croyance par je ne sais quel mécanisme qui relèverait d'une manipulation mentale. Avec la pesée des âmes, oui tu pourras apprécier la réelle avancée de ceux et celles que tu as touchés et soignés, et cela porte un nom : le discernement spirituel. Là encore, si tel ou tel refuse d'avancer sur le chemin que tu lui montres, n'en prends jamais ombrage. Reprends inlassablement le tien, avances ! Ne juge pas et si certaines de tes rencontres t'auront semblé vaines, n'en sois jamais triste. Quoi qu'il en soit, de toutes les façons, avec chacune d'elles, tu auras créé un lien indéfectible qui opèrera l'effet escompté en son temps.

Evaluer la part spirituelle de chacun, même le diable peut le faire et il est très habile à ce jeu-là. Il connaît le poids des fautes de chacun, par contre si l'un de nous se trouve dans la légèreté de l'être, alors n'aie crainte qu'il fera tout ce qui est en son pouvoir pour l'en priver. Evaluer l'existence transcendantale de quiconque soit en bien ou en mal, te place soit du côté du diable ou du côté de Dieu. Prends bien garde lorsque tu le feras sur autrui de discerner pour toi-même de quel côté tu te trouves. L'un te conduit vers les enfers, de l'autre tu en brises ses portes.

Apprécier la qualité d'être de quelqu'un, et si tu es côté lumière, tu dois être prêt à endosser cet autre rôle, à savoir de le porter et de tout faire pour que les ténèbres s'écartent de lui.

- L : Comment cela peut-il se faire ? Nous allons alors passer un temps incommensurable à nettoyer et purifier chacun d'eux. Une journée ne nous suffira plus !...

- I : Tu connais le monde des passeurs d'âme, ces êtres ont la ca-pacité de faire monter les âmes défuntes, c'est-à-dire les faire passer de cette dimension terrestre à celle du ciel, et tu le sais tu en as déjà le potentiel. Maintenant avec la pesée des âmes, il te faudra aussi apprendre à les porter non pas celles désincarnées, j'entends ici toutes celles qui, de leur vivant, sont venus vers toi pour te demander de l'aide ou simplement parce que tu les as souvent côtoyées. A la grande différence de celui qui les capte, qui les happe : l'adversaire ; toi ta mission sera de les lui ravir ou de les lui reprendre. Pour accomplir cette tâche, tu deviendras sur un laps de temps plus ou moins long leur porteur et protec-teur. Lorsque tu accepteras cette mission, leurs nettoyage et pu-rification seront inclus avec la tienne. Porteur d'âme tu feras corps avec toutes celles que tu accepteras de prendre sur toi, et tu t'en alourdiras. Ce poids désormais sera tien, mais chaque jour tu t'en allègeras contribuant ainsi à aider toutes ceux et celles que tu as acceptés de prendre spirituellement sous ta coupe.

- L : Innommé, ne pourrais-tu pas imager tout ce que nous venons de dire à l'aide d'une parabole ?

- I : Ecoute en voici une, je pense qu'elle pourra quelque peu éclairer ce sur quoi nous venons d'échanger :

« *Une femme, juste après sa mort, parut au ciel. Voici qu'un ange l'accueillit mais non contente aussitôt elle lui fit ce reproche : « Pourquoi ne suis-je pas en paradis ? Où est Dieu ? Toutes ces dernières années de ma vie, je suis allée quotidiennement à la messe et me suis confessée une fois par semaine. J'ai même fait d'importants dons à l'Eglise. Est-ce vraiment-là son remerciement ? Finalement tout cela n'était que du vent. »*

L'ange alors lui présenta ce réquisitoire : « Madame, soyez bénie de ce que quelqu'un ait eu souvenir de vous, s'assurant d'une indéfectible bienveillance à votre égard. Grâce à lui, vous voici en ce lieu, savez-vous quelle était la place qui vous était destinée ? Au risque de vous déplaire c'était, ni plus ni moins, de vous retrouver là en bas assignée aux enfers, mais grâce à un homme vous en avez été épargnée. »

Stupéfaite, elle ne pouvait entendre la signification de la parole de l'ange. Elle s'en inquiéta et le pria de s'expliquer. « En quoi donc ma vie terrestre aurait-elle mérité un tel traitement ? Je n'ai rien fait de mal. J'ai même été bénie de Dieu puisque toute mon existence fut prospère et florissante. Il m'a accordé la richesse et la renommée, n'est-ce pas là le signe de sa bénédiction ? Maintenant pourquoi reviendrait-il sur celle-ci ? »

Le messager comprit que cette femme était aux antipodes de la vie spirituelle. Il lui révéla alors ceci : « Avez-vous une petite idée sur l'identité de cet homme qui vous a sauvé des enfers. Jusqu'à maintenant vous ne vous en êtes même pas inquiétée. En arrivant ici tout semblait vous être acquis. Eh bien, je vais vous la donner. Vous souvenez-vous de ce mendiant vous faisant l'aumône chaque jour à la sortie de l'Eglise, de celui qui vous faisait honte ? Votre place, ici-même, vous la lui devez. Chaque jour, il vous portait en son cœur, effaçant inlassablement le mal que vous essaimiez continuellement. Et pourtant, vous ne le supportiez pas, la seule parole que vous lui ayez adressée toutes ces dernières années, vous en souvenez-vous ? N'était-ce pas ceci ? : « Votre place n'est pas ici, vous profitez de notre empathie et de notre crédulité, c'est trop facile ! Allez voir ailleurs, il y a des assistantes sociales pour cela ! » Chaque jour, vous le regardiez avec dédain et pourtant chaque jour il vous a porté. »

Surprise, à la limite de l'agacement, pour elle ç'en était trop, sa vision de la réalité spirituelle vacillait. Quel était donc ce mal que l'indigent prenait soin d'éradiquer ? Elle supplia l'ange de le lui révéler : « Si j'ai commis une faute ou un quelconque péché, faite m'en part car dans tout cela quelque chose m'échappe. »

L'envoyé de Dieu commença son réquisitoire :

« Vous avez joui d'une vie brillante, la richesse coulait à flot. Beaucoup de personnes vous ont érigé en modèle par contre d'autres vous ont maudite. Les pauvres, ce n'était pas votre tasse de thé ! Le statut de votre personnel s'apparentait plutôt à celui de l'esclave, corvéable à merci avec brimades et méchancetés en prime ! Interrogez-vous maintenant sur les incidences de tout cela sur la terre.

Qu'avez-vous généré ?

Par vous, avec vous et en vous ont pris naissance des hordes de démons. A commencer par ces intelligences démoniaques du pouvoir tyrannique et despotique induisant sur autrui l'émergence du démon de la haine à votre encontre. Celui de votre orgueil démesuré a donné naissance chez vos dévots à celui de l'idolâtrie, en encore de la jalousie de la part de tous ceux qui étaient vos admirateurs.

Avez-vous une petite idée de l'effet qu'a eu votre richesse sur autrui, elle a généreusement engendré chez ceux qui en étaient dépourvus ces autres démons si redoutables ceux de la convoitise et du vol ? Si toute votre vie durant, vous avez été source de tentation, faisant émerger ci et là tous ces démons à profusion, le mendiant quant à lui vous les retirait inlassablement, et cela, non pas sept fois mais des milliers de fois. »

Ses sentiments devenaient confus, elle commençait maintenant à ressentir en son cœur la peine, la détresse, la misère qu'elle avait disséminé sur la planète, elle tachait toutefois de s'en justifier : « Là en bas, qui nous a parlé de la vie spirituelle de la sorte ? Que les démons puissent exister, je n'en savais rien. Et puis cet homme qu'a-t-il gagné au final ? J'ai l'impression pas grand-chose, regardez la pauvreté n'est-elle pas encore son pain quotidien ? En quoi sa vie a-t-elle changé de mon vivant ?»

L'ange continua son exposé des faits :

« Voyez-vous, par ce qu'il vous portait, il neutralisait en permanence toutes les forces maléfiques que vous semiez à tout vent. S'il n'en n'avait rien fait, avec le temps, elles seraient devenues de puissants démons avec vous, Madame, pour maître. Se déployant et se répliquant sans cesse, vos démons auraient alors amplifié la puissance du mal et celle de satan détruisant alors plus encore l'existence des humains y compris celle de notre planète terre. Certes, il a prié aussi pour votre conversion mais vous aviez la nuque raide. Dans les faits, cet homme n'a cessé d'empêcher que votre mal ne se propage à l'infini.

L'incidence de cet acte dans tout cela, c'est votre liberté d'âme retrouvée pour vous élever vers le ciel. N'est-ce pas, en ce moment même, ce que vous êtes en train d'éprouver ? Si vous en goûtez déjà un petit quelque chose, pour l'instant vous ne le pouvez pas encore complètement. Si vous essayez de vous élever plus haut par vous-même, vous verrez que cela vous est encore impossible. Des liens vous retiennent toujours avec l'en bas. Tous n'ont pas été retirés.

Si seulement vous aviez discuté avec le mendiant à la sortie de l'église, peut-être aurait-il pu faire plus encore pour vous ? Maintenant, priez le ciel qu'un autre porteur d'âme puisse à son tour rencontrer tous ceux qui sont encore liés dans le mal par votre faute. Lorsque votre prière aura été entendue, alors vous pourrez continuer votre élévation. Pour ce qui est du porteur d'âme, le tout premier d'entre eux, ce fut le Christ. Il essaya de son vivant de l'enseigner, il espérait que cela puisse faire tache d'huile, mais de tout cela il n'en fut rien.

Quant au pouvoir de la confession du prêtre, il reste vain s'il ne s'en suit l'éradication les démons que son pénitent a générés. Sans cela son absolution des fautes sera défaillante, le mal continuera d'essaimer, et de croitre avec toujours plus de monstruosité, gardant précieusement tous les liens originels intacts avec leur auteur. Soyez bénie, Madame, d'avoir eu la chance de croiser un jour un de ces porteurs d'âmes. »

Emu, Liberté ne savait plus que dire. SILENCE

De l'âme

Liberté, l'esprit toujours en ébullition, ne pouvait s'empêcher de voir la cohérence entre chacune de ses découvertes spirituelles, d'une logique implacable rien ne passait inaperçu. Son interrogation du moment, visait à creuser la notion de reliance indéfectible et interactive avec toute chose, tout être et particulièrement celle entre lui, sa famille et ses proches qu'ils soient vivants ou morts.

Il était parvenu à faire ce constat que nous sommes toujours en contact d'une façon ou d'une autre avec les défunts. Il pouvait ressentir à travers tous les objets ayant appartenu à l'un d'eux, ou encore de leur photo d'une personne, sa nature et sa qualité d'âme, non pas passée mais dans l'aujourd'hui en cet instant précis où il portait son ressenti ou son regard. Il avait pris conscience que cette reliance des êtres était rarement de nature positive et lumineuse. Le drame pour nous tous, c'est que notre vie peut se trouver impactée par la qualité bonne ou mauvaise à travers les choses, les photos qui nous relient à ces âmes mais que cela allait bien plus loin. Tant que des âmes étaient dans la souffrance ou dans la peine, sa vie s'en trouvait affecter.

Trois jours plus tard, après leur discussion au sujet de la pesée des âmes, Liberté revint à la charge auprès d'Innommé. Prenant soin de s'installer confortablement après une légère collation, commença cet échange :

- L : Tu sais, j'ai ce sentiment étrange que plus j'avance avec toi, plus la vie prend sens. Tu m'as parlé de la pesée des âmes et je t'en remercie. Maintenant cela m'amène à parler de notre rôle propre si particulier au sein de la création. Pourquoi devons-nous encore et encore la protéger si les humains sans cesse la défigurent ? Crois-tu que nous parviendrons un jour à contrer ce fléau ?

- I : Je ne pense pas que le terme "contrer" soit juste, notre travail est tout autre, il faut le penser avec l'esprit du cœur et par la voie seule de l'invisible, alors tôt ou tard nous parviendront à modifier ou corriger les logiques destructrices de ce monde. Porteur d'âme, passeur d'âme, voyageur et effaceur du temps te voilà déjà bien équipé pour cette mission, non ? Que veux-tu donc encore ? N'est-ce pas là suffisant ? De quoi as-tu peur ?

- L : Au fond de moi, une petite voix me susurre cette phrase : "ta mission est peine perdue !".... Une tristesse ces derniers temps m'envahit au point de me faire pleurer et de me décourager. Je suis désolé de te dire cela mais j'avais besoin de te le dire.

- I : Mon fidèle compagnon, je te remercie de me confier ton état d'âme actuel. Oui ce travail accompli dans le secret est une vocation à part entière et la porter n'est pas facile. Maintenant lorsque le découragement pointe son nez, cherche toujours où es le saboteur, tu constateras souvent qu'il est là, jamais très loin.

Maintenant dis-moi, depuis quand t'es-tu introspecté ? As-tu pris le soin de te scanner psychiquement et spirituellement ? Si je le fais pour toi, je crois que non, et je peux déjà te dire que tu portes en toi des âmes souffrantes et qu'elles te malmènent. Aussi, cette petite voix intérieure que tu entends, de qui provient-elle ?

- L : Effectivement tu as raison, ces temps-ci, je n'ai pas pris soin de mon espace intérieur. Maintenant que je m'introspecte, j'y vois des âmes qui reposent en moi, je les ressens et elles sont au nombre de trois. Ce sont bien elles qui m'amenaient à cette tristesse intérieure. Comment ai-je pu passer à côté de cela ?

Liberté prit un petit moment pour se dégager de ces âmes possessives, fit une purification et reprit la discussion.

- L : Qu'il est redoutable ce monde des âmes, et combien complexe leur interactivité entre celles des vivants et celles des morts. L'homme le subit sans le savoir tant sur le plan personnel que collectif et le plus souvent très négativement.

- I : Je vais maintenant regarder ce que tu viens de dire sous un autre angle. Prenons une âme défunte non parvenue dans la lumière. Tous ceux et celles qui sont reliés à elle par un lien quel qu'il soit, familial, amical ou faussement spirituel subiront les tourments que connaît cette âme dans les enfers. Par ailleurs, tous les objets qui jadis lui appartenaient, apporteront désormais à ceux ou à celles qui les ont en leur possession, des nocivités, du malheur ou des blocages de vie.

Tu constateras aussi que dans toute photo de personnes dans chacune d'elle s'y trouve emprise une petite partie de leur âme, si ces personnes sont positives ou dans la lumière, pas de souci, l'image est bonne mais si ce n'est pas le cas, elle pourra dégager là où elle est exposée des nocivités issues de la noirceur des âmes des êtres photographiés. Même décédés, ces émanations toxiques persistent à travers l'image.

- L : Ce que tu me dis là me fait froid dans le dos. A l'heure où tout le monde fait de lui-même des selfies pour les mettre à disposition de tous, leur âme s'en trouve alors affaiblie et amoindrie. Ces gens-là se mettent en danger car ils émiettent leur âme pour finalement la perdre à force de se photographier.

Ces jours-ci je m'interrogeais sur la notion de reliance et je reste persuadé que nous sommes responsables de la qualité des liens qui existe entre les vivants mais plus encore entre les morts et les vivants.

- I : J'entends bien ce que tu dis mais, où sont les morts, où sont les vivants ? Certains de leur vivant, sont déjà morts ; leur âme appartient déjà aux ténèbres voire les enfers. D'autres sont déjà Vivants et lorsqu'ils partiront pour la mort, ils franchiront l'au-delà pleinement Vivants, pleinement lumineux. Quant aux déjà morts de leur vivant, ils font partis du troupeau parqué pour les enfers.

Réalise bien Liberté, que si tu es dans la Lumière conscient de cela, tu ne pourras rester les bras croisés à ne rien faire. Tu ne pourras jamais accepter qu'une seule âme soit perdue à jamais, ce serait quelque part de la non-assistance à personne en grand danger spirituel.

- L : Penses-tu réellement que toutes les âmes vaillent la peine d'être sauvées. N'est-ce pas présomptueux de notre part ?

- I : Si tu dis cela, c'est que tu te poses en juge. Nous n'avons pas à le faire, cela ne t'appartient pas. Qu'en connais-tu des tromperies, des dissimulations, des manipulations faites par le malin sur les hommes. Ils avancent sourds et aveugles dans l'existence pieds et poings liés, et ils ne le savent même pas. Le mal est tellement subtil de chez subtil !...

Sont-ils conscients ? Non. Sont-ils responsables ? Pas vraiment car nul ne les a éclairés. Les condamner spirituellement, c'est faire l'œuvre du diable et se substituer à Dieu lui qui est l'amour incommensurable.

L'ouvrier de Dieu, fait tout avec Lui pour que les âmes puissent être délivrées du mal et libérées de leurs servitudes, de leurs cécités et surdités. Maintenant si elles résistent, en toute connaissance de cause, à sa bienveillance et à sa miséricorde, alors devant leur refus et leur obstination tu ne pourras plus rien pour elles. La seule chose qu'il te sera encore possible d'accomplir : prier. Je vais maintenant te laisser avec cette expérience que j'ai vécue :

"Que pensez-vous de cette bague ? Je suis curieux de ce que vous allez me dire." Le bijou qu'elle plaça en ma main, me donna de suite un mal de tête. Je sus d'emblée qu'il lui était puissamment nocif et dangereux. Je lui fis part de mon ressenti mais surprise elle semblait ne pas me comprendre, ma réponse la déstabilisait.

Elle m'avoua qu'une femme médium lui avait certifié que le port permanent de ce bijou à son doigt lui serait d'un grand secours. Il lui permettrait de résoudre une problématique karmique personnelle.

Voici maintenant trois ans qu'elle s'exécutait fidèlement mais en vain et elle voyait sa vie aller de mal en pis tant sur le plan de la santé, de la famille, du professionnel, de l'argent....

Curieusement elle se posait encore la question de savoir si elle devait persévérer à la porter. Envoûtée, elle paraissait sourde à ce que je venais de lui dire.

Aussi l'invitai-je à se séparer au plus vite de cet objet puissamment maléfique, et je pris soin de bien lui expliquer qu'au travers la personne qui lui avait donné ce néfaste conseil se trouvait déguisé le malin.

Après l'avoir purifiée longuement et l'avoir mise en garde, je la quittai. Trois mois plus tard, sa vie avait retrouvé sens, et il lui semblait être sortie de ce labyrinthe maléfique induit par la bague maudite. Elle me laissa sur ces derniers mots : "Merci maintenant je revis !"

Comme cette femme, les hommes donnent foi à certaines croyances et y croient dur comme fer. Qu'elles soient spirituelles, psychiques et parfois même scientifiques, ils ne savent pas en discerner le vrai du faux, le bien du mal. Comme envoûtés, ils acquiescent purement et simplement à ce qui est dit au nom du communément admis par la masse populaire.

Combien de fausses croyances portent-ils en eux-mêmes et qui les minent à petit feu. Ici vois-tu, c'est encore une autre partie de notre mission auprès des âmes enseigner et dénoncer à temps et contre temps les malversations du malin. Ses malversations sont tutélaires, coriaces et bien ancrées dans nos mentalités. Liberté ne te décourage jamais, aie confiance, tu n'es pas seul, garde la foi. Cela portera fruit !

Miroir, miroir...

Liberté venait de faire une découverte surprenante toutefois, il ne pouvait en comprendre le principe. Il avait l'impression d'avoir mis à jour une réalité méconnue. Qui plus est, cette innovation lui avait permis de procéder, semble-t-il, à une purification de ses énergies bien plus profondes. Ni une ni deux, il lui fallait en parler à Innommé avec lequel il avait pris rendez-vous. Il voulait s'en assurer la véracité des faits.

Innommé fut heureux d'accueillir son protégé si avide de lui présenter ce qu'il avait pu nouvellement expérimenter à propos de l'invisible.

- L : Ces jours-ci, incidemment étant à l'hôtel, je procédais à mon travail de purification quotidien. Dans la chambre, il y avait un miroir de plein pied. Curieusement face à lui, je détectais sur moi des nocivités. Lorsque je me plaçais hors de sa présence, celles-ci n'étaient pas présentes. Après m'être débarrassé des forces que je percevais par la médiation du miroir, j'ai pu constater une augmentation de mon potentiel vibratoire. Ce changement énergétique signait en faveur d'un retrait de quelque chose de négatif. Mais voilà, Innommé, je n'ai pas compris, pourquoi le miroir ? Tu sais, j'ai pris le temps de discerner si ce dernier, en lui-même, n'était pas quelque part maléfique. Cette réalité du miroir est tellement présente dans les contes, y compris dans la mythologie mais là je ne sais qu'en dire. Cette nouveauté m'intrigue.

- I : Enfin nous y voilà ! Quand allais tu faire cette rencontre avec le miroir ? Cette question me taraudait au point de commencer à en désespérer. Tu te souviens de la fable de Gadi, le grand architecte de l'invisible, avec sa magie des miroirs ; je m'étais étonné, qu'après te l'avoir transmise, tu ne sois pas allé plus en avant dans l'exploration de notre méta-réalité à partir du miroir proprement dit. Ici, dans ce que tu as découvert, il n'y a rien de magique. Tu as pris conscience d'un grand principe celui de l'image émise. L'image reflétée par le miroir a quelque chose de particulier, à travers elle, tu peux te percevoir plus précisément. Tu l'as d'ailleurs fort bien perçu, grâce à lui tu as su déceler des ombres ou des opacités lesquelles était nocives pour ton existence.

- L : Oui, je l'ai fort bien compris mais pourquoi, par quel mécanisme ?

- I : De quoi es-tu composé en tant qu'homme ? 99,9 % de matière noire, de ce vide dont on ne sait que fort peu de choses. Pour moi cette partie-là, te porte énergétiquement. C'est grâce à elle tu prendre image, avec ce fameux 0,01 %.

Lorsque tu analyses corporellement une personne sur quelle partie concentres-tu ton attention ? Les deux, me diras-tu. Et bien sache que le miroir ne reflète que les 0,01 %, il ne prend pas en considération les autres 99,9 %.

Le miroir, met simplement en évidence, ton existence sans l'impact de la matière noire commune à tout l'univers. Le miroir, quelque part te discrimine, il ne prend en compte uniquement que l'image. Si cette dernière est défaillante, il faudra quelque part y remédier. Bien sûr il ne s'agit pas de devenir ici le plus beau mais d'avoir une image la plus ajustée avec celle de la Vie. Après t'être nettoyé de ce que te renvoyait négativement le miroir, en es-tu devenu plus beau ? Personnellement à te regarder, tu es toujours le même. Tu verras qu'il te faudra aller plus loin encore.

- L : Qu'est-ce que c'est passionnant. Peux-tu m'en dire plus ?

- I : Connais-tu ce personnage de Méduse, dans le mythe de l'antiquité grecque ? Méduse, cette mortelle avait de si beaux cheveux qu'Athéna, jalouse, transforma sa chevelure en une multitude de serpents. Désormais, tous ceux qui croiseraient son regard seraient transformés en pierre.

Que pouvait donc bien révéler son regard pour celui qui le croisait ?

Il avait, lui aussi, la force du miroir montrant aux hommes leurs monstruosités cachées au plus intime d'eux-mêmes lesquelles avaient trouvé naissance au sein de leur histoire.

Vois-tu, la prise de conscience de l'impact de notre vie ici-bas sur le monde y compris notre l'humanité aura pour conséquence de figer notre âme dans son avancée dans l'au-delà, notre histoire passée la retiendra captive. La particularité avec Méduse, c'est que cela se passe en notre réalité, et non dans l'au-delà de la mort.

Le regard de Méduse était une sorte de miroir de vérité, qui figeaient ceux et celles esclaves de leur histoire malfaisante. Les serpents de sa chevelure symbolisaient, ici, les forces maléfiques à l'œuvre dans l'humanité. Concrètement, Méduse ne pouvait plus avoir de face à face avec quiconque puisque son regard était meurtrier.

Son existence se réduisait à être un miroir, à ne renvoyer que le reflet de l'autre dans sa négativité, froidement, sans pitié, ni aucun état d'âme. Je serai enclin de dire qu'ici Méduse est le symbole même de l'histoire matricielle agissante dont nous en sommes complètement inconscients.

Persée à la demande du roi, s'enquerra de tuer Méduse, la désastreuse. Pour sa mission, il recevra un bouclier miroir de Hermès, ce Dieu, messager des dieux.

Persée, en le lui présentant, prenant soin de ne pas croiser son regard, Méduse se pétrifiera en y voyant son reflet. Cette fois-ci Méduse pourra prendre conscience de sa propre laideur et s'en trouvera elle-même pétrifiée grâce au bouclier miroir donné par le Dieu Hermès.

Nous pourrions dire ici que le miroir amène justement au conscient, cette structure « serpentesque » qu'est notre inconscient.

- L : Se pourrait-il que nous devenions nous-même semblable à Méduse ?

- I : Tu as raison, nous sommes tous des miroirs pour autrui, et notre façon d'être avec eux peut être un immense jeu de la pétrification, ni les uns ni les autres ne peuvent véritablement avancer, tous sont dans l'illusion d'eux-mêmes. Souviens-toi des miroirs de Gadi. Leurs possesseurs deviennent de véritables morts-vivants.

Maintenant, lorsque ce miroir-là se brise, c'est qu'enfin tu as découvert qu'un autre Miroir t'accompagne. Il est Autre, de nature divine et bienfaisante. Recherche-Le, deviens-Le alors tu ne seras plus véritablement humain au sens propre du terme.

C'est la quête de toute une vie, que celle de parvenir avec Lui à ne renvoyer, pour l'autre, qu'un reflet de lui-même non pas destructeur mais transformant. Ici, la mémoire n'existe pas, le reflet ne sera qu'éphémère rien ne s'y imprimera mémoriquement parlant. Le miroir est aussi quelque part « hors histoire » tout comme Dieu. Voici encore un autre mystère !

Pèlerin d'Emeraude

- L : Innommé pourrais-tu me dire, quelle a été ta plus grande joie en tant que Pèlerin d'Emeraude ?

- I : Ce moment où j'ai eu cette intime conviction d'être un trait d'union entre le ciel et la terre, d'être une sorte d'ange sans aile. Lorsque j'en ai pris conscience, toute ma vie fut comme aimantée par Lui, avec Lui et pour Lui. Qu'étais-je devenu ?

Rien de connu, rien…. Mais plein de Lui ! Cela ne peut s'expliquer, c'est comme un état de grâce, tu n'attends rien, ne désire rien d'autre qu'être son récipiendaire ici-bas.

Ma joie c'est Lui, être ses mains, ses yeux, sa bouche, ses oreilles, ses pieds. Suis-je un illuminé ?

Non pas du tout, je dirai plutôt que je suis empli de sa Présence pour être à la suite de notre grand frère le Christ, un de ses disciples qui continue Son œuvre de salut en ce monde dans le secret et en toute discrétion. Ma plus grande joie c'est de trouver des frères et des sœurs qui veulent prendre le même chemin et d'y rencontrer fugacement avec le Ressuscité. Moment d'Eternité !

- L : Aurais-tu rencontré le Christ ?

- I : Oui plus d'une fois dans ces moments fugaces où j'ai partagé avec l'un ou l'autre quelque chose de profond, de vrai, du juste. Pouvait-il s'envisager ?

Non mais plus d'une fois il a pris visage en moi pour délivrer à l'un ou à l'autre des messages dont je ne me souviens plus. Plus tard quand une personne vient à me révéler ce que je lui ai dit, j'en suis parfois étonné. Suis-je le Christ ? Bien sûr que non mais vie se fond en Lui complètement. Paradoxe : je ne suis plus et en même temps Je Suis.

- L : Alors qu'est devenue ta vie ?

- I : Rejeter le mal, le combattre de tout mon corps, de toute mon âme et de tout mon esprit. Cela devient viscéral, tu ne peux plus te complaire dans la promiscuité, il n'y a plus de gris, il y a la Lumière ou les ténèbres. Ton camp choisi en vérité tu découvres que ce monde est tristement sombre, qu'ici ou là, la pénombre existe. Quelque part je suis un « pou de Dieu » qui dérange, qui malmène les convictions les plus spirituelles du moment, qui dénonce les tromperies de l'ennemi concernant le monde de l'invisible. Le new âge est aujourd'hui, entre autres, l'un de ses lieux favoris où il s'amuse à vendre et diffuser avec bagout et tant de persuasion son faux spirituel. Devant cela, tu ne peux rester les bras croisés. Suis-je devenu tel un inquisiteur ?

Non, parce que je ne condamne pas au nom de Dieu, simplement je dénonce, mets en garde, éclaire et essaie de toutes mes forces à remettre la Vérité là elle n'est pas.

- L : As-tu peur de la mort ?

- I : Ta question me surprend ; je ne me la pose plus. Au moment, venu de quitter cette terre, ma seule inquiétude, ai-je rempli ma mission, celle de réussir à accomplir ce pour quoi je suis venu sur cette planète. Maintenant si tu l'as réalisé avec Lui, il t'importe peu d'y rester. J'aime cette parole de l'Evangile où il nous est dit : « *Je ne te prie pas de les enlever du monde mais de les garder du*

Mauvais. Ils ne sont pas du monde, comme moi je ne suis pas du monde. » (Jn 17, 15-16). Lorsque ta seconde naissance a eu lieu celle de naître d'En Haut, tu ne te poses plus la question de l'en bas. Vivant tu l'es déjà, la mort n'est déjà plus.

Est-ce qu'un papillon se pose des questions métaphysiques sur ce qu'était sa vie de chenille ? Il rampait mais aujourd'hui il vole et va de fleurs en fleurs se délecter de leur nectar sans jamais les abîmer, ni les dévorer mais bien au contraire il participera à leur fécondation. Vois-tu, je suis ce papillon, ce « papillon des âmes » désireux que Dieu puisse les venir féconder ? Je Lui demande simplement de me garder fidèle à ma vocation jusqu'à la fin de ma vie.

- L : Si tu avais un message à faire passer, quel serait-il ?

- I : Dans le triptyque corps, âme et esprit, l'âme en est sans nul doute la pièce maîtresse à partir de laquelle peut se faire la construction de l'Etre. Malheureusement, nul ne la considère à part entière dans son rôle. Je vais essayer de t'en faire prendre conscience.

L'âme représente ce vide et cette infinité d'où peut émerger la radicale nouveauté de la Vie. Lorsque celle-ci s'incarne dans un corps, non seulement elle lui donne forme en une image projetée dans le visible comme dans l'invisible. Cette projection émise face à nos semblables sera actualisée, reconnue, inscrite dans un processus d'identification par l'entremise de notre esprit.

Seulement tout n'est pas si simple, et pendant l'espace d'un moment plus ou moins long, notre esprit n'est pas du tout maître de l'image émise sur le plan informationnel. Car il est un autre esprit, le maître du jeu, de l'illusion et de la perversité qui va avoir la main mise sur notre identité. Il s'agit de l'inconscient aussi bien individuel que collectif lequel sitôt sa venue en notre corps va ordonner toute votre vie.

Tout d'abord celui-ci nous berce, nous enlace hypnotiquement, programme notre avenir pour finalement parvenir à nous enchâsser, telle une pierre précieuse dans un de ses merveilleux écrins. Au fil des ans, la pierre de nos mémoires, brillant de ses mille feux, devenue de plus en plus lourde finira par nous écraser, nous détruire voir diaboliquement tuer les autres. Finalement, cette force inconsciente continuera son œuvre brillamment parmi nos descendants.

« Malédiction ! Que de pierres précieuses dans la vie de mes frères les hommes ! »

Toute notre existence, nous sommes telles des marionnettes dans les mains de l'esprit qui nous illusionne sur ce qu'est la vie. Beaucoup cherchent à l'appréhender, à la contenir, à la maîtriser, à en jouir au maximum, tandis que d'autres essaient de la penser, de la philosopher. Mais finalement, tant que les fils de la marionnette sont là, notre vision de la vie sera éternellement faussée, manipulée.

Le but de notre vie, n'est pas d'essayer de la vivre pleinement pour soi-même quand bien même aurions-nous toutes les meilleures intentions du monde, et encore moins de rechercher le sens de la vie. Dans l'un comme dans l'autre cas, ce ne serait qu'une illusion de plus issue de l'esprit manipulateur.

Si nous sommes nés corps, âme et esprit, c'est pour cette unique Réalité : faire de ce corps, la manifestation pleine et entière de ce vide et de cet infini d'où peut faire irruption la Vie ; autrement dit encore : être la manifestation de la Vie dans un corps enfin allégé de la pierre scintillante de vos mémoires. Alors, il en sera fini de son « bling bling » infernal.

Quant au but de l'existence, ce ne sera jamais de vivre sa vie au mieux avec nous-même et nos frères mais d'être nous-même la Vie pour notre frère, et plus encore pour le monde. Ainsi tous, sans exceptions aucunes, nous sommes simplement appelés à nous laisser rejoindre par la Vie et un jour, devenir la manifestation de la Vie en tout temps et en tout lieu. A ce moment-là, nous intègrerons qu'il n'y aura jamais rien à vivre mais à être la Vie au nom de l'Être. Nos choix, notre vision de l'autre, votre façon de vivre en ce monde devront sans cesse être évidé de ce trop de mémoires qui dessert la Vie.

« Bénédiction ! Découvrir que les pierres précieuses sont toutes fausses, sortir de l'illusion pour revenir à la Réalité ! »

Lorsque l'esprit ne sera plus le lieutenant, l'organisateur et le planificateur de nos vies et qu'il se sera soumis à l'âme, alors la Vie sera manifestée corps, âme et esprit tout naturellement dans la Vérité, la Liberté et la Solidarité. Et nous n'aurons que cet unique désir : tout faire pour qu'un jour nous puissions tous le vivre dans l'Être mais ne nous leurrons pas, gardons à l'esprit ce paradigme : la Vie n'a pas de sens, et lorsqu'elle nous habite toute loi disparait. Elle jaillit constamment du Vide et de l'Infini ! Et c'est justement cela qui dérange et met mal à l'aise.

Pour ce qui est de l'âme, cette éternelle inconnue, impossible à cerner, sache qu'elle est la seule capable de sourcer la Vie en notre vie. De fait, elle sera toujours une étrangère qui nous donnera de pouvoir Être, et c'est en cela même que repose le fondement de votre Humanité et de notre Création. En chaque humain repose une étrangère sans laquelle, nous ne pouvons être, et quoi que nous fassions, de par sa nature, elle nous restera toujours une éternelle inconnue ; même si nous sommes à même de la reconnaitre en notre vie, car elle est le fondement même de votre et de notre altérité.

Quand je pense que nous avons tant de difficultés face à l'autre que je ne connais pas. Que de guerres, de disputes, de dissensions, de mécompréhension dans la vie des hommes parce qu'ils ne se connaissent pas. Ils ne se savent pas habités par une étrangère, leur âme, qui source leur existence n'attendant qu'une seule chose leur offrir : la Vie.

L'étrangeté, voici un autre aspect de ce que nous sommes réellement. Tant que nous n'aurons pas compris et assumé cet état de fait, nous ne pourrons comprendre l'homme. Tant que l'âme n'est pas reconnue en nous comme telle et véritablement assumée, notre vie restera toujours source de division, de destruction. Comprends-tu pourquoi le Destructeur, ce maître de nos inconscients, désire tant manger les âmes ? Tout simplement parce qu'elles portent en elle les germes de la Paix véritable.

Alors très concrètement de la part de notre esprit, il lui faudra se convertir à ce que nous sommes en Vérité. Dans la foi à son âme, il conviendra quelque part de faire vœux d'obéissance à une parfaite inconnue laquelle nous demandera d'assumer en nous-même cette part d'infinitude qui émane d'elle.

Enfin parvenu à ce stade, l'âme nous amènera à vivre cet abandon de l'Être dans ce lâcher prise au Vide au nom de la Vie. Et c'est dans cette toute dernière étape, que notre esprit se devra d'assumer son incertitude face à la Vie. Une fois cela réalisé et pleinement vécu, l'Esprit de Dieu sera là. Notre esprit sera devenu le Sien, et toute notre existence s'inscrira dans l'abandon et le lâcher prise à la Vie.

Tant que notre esprit n'a pas rejoint l'âme, il est l'adepte du plein : plein de certitudes, d'histoires, de savoirs, de réponses…. Et lorsque le plein est fait, alors vient le temps des habitudes, de l'éternelle reproduction, de l'explication pour tout. Dans cette configuration, l'âme cette éternelle étrangère restera ignorée, délaissée, méprisée par l'inconscient, le maître des certitudes obligeantes.

C'est aussi ce dont nous avons déjà longuement débattu dans nos rencontres précédentes au sujet de la place et du rôle de l'histoire matricielle.

Celle-ci déteste l'étrangeté, l'incertitude, l'infinitude qui lui sont totalement contraires. Voici un de ses mécanismes de défenses qui lui est favori : devant l'altérité et le dissemblable, l'inconscient de l'homme génèrera de la violence, du rejet, du mépris, de la ségrégation. Ce mécanisme est une pure projection du rejet de ce Vide, de cette Altérité fondatrice, et de cet Infini dont tout homme est dépositaire.

Pour moi, l'étranger est en quelque sorte le garant du Vide, mais il m'échappe constamment et je ne peux pas le cerner par mon plein d'assurance. Il me déstabilise, et surtout, me discrédite par rapport à moi-même en m'insécurisant. Il est le reflet de ma propre angoisse par rapport à ce que je suis en vérité et que je ne connais pas.

Ce dilemme ne pourra être surmonté qu'à partir de l'instant où j'essaie d'aller vers moi-même pour y approcher mon âme. Tant que le travail de rapprochement âme-esprit n'a pas été réalisé, notre esprit ne sera pas encore le nôtre n'ayant pas su prendre distance de l'esprit collectif (histoire matricielle) ; tant qu'il ne s'est pas soumis à l'autorité de l'âme, nous ne sommes pas encore.

Notre monde est alors violent et, à cause de la matrice, notre corps ne sera qu'une manifestation d'un esprit dominé et d'une âme refoulée. Notre semblant de vie sera toujours très loin de la Vérité et adoptera toujours une attitude pervertie par rapport au vivant.

Dans cette perspective, comment est-il possible, dans l'ignorance de nous-même, de croire nous connaître et pouvoir cerner l'autre, être apte à faire des choix, soi-disant libres, et d'être capable de nous engager à l'égard de quelqu'un voir même de fonder un couple pour la vie ?

Tant que le couple âme-esprit n'est pas fondé et vécu avec justesse à travers la manifestation de ce corps, il est vain de penser la relation à l'autre en termes d'altérité ou d'êtreté. Tout au plus au nom de mon plein de suffisance, je ne rechercherai que le semblable, et à tout faire pour que le différent, l'autre dans sa réelle étrangeté soit contraint à devenir mon pareil.

Dans le cas contraire, où l'autre n'accepte pas ma vision ou ma philosophie de vie, alors je l'élimine ou j'engage une violence à son égard qui ira toujours plus en s'accroissant. Bien sûr les lois, les normes seront là pour contenir cette violence latente.

Pour terminer, au sujet de l'âme, rendons-lui toute sa majesté en notre vie, afin qu'elle en devienne la pièce maîtresse car en elle repose la Vie. Naturellement connectée au Transcendant, elle déploie toute sa force dans le non-agir, la non-possession, le non-savoir, le non-désir.

Quant à l'Altérité, nous ferons l'expérience qu'elle est partagée avec toute chose ; c'est là mystérieusement qu'y repose votre unité d'Être. Avec elle, la violence n'est plus de mise, parce que l'identique n'est plus.

Lorsque le couple âme-esprit sera fondé, alors l'Esprit, Celui du Transcendant, viendra prendre place en notre Vie avec cette merveilleuse transmutation en notre corps : l'éternellement engendrement pour la Vie. Quant à connaître le mystère de cette union entre l'âme et Dieu, à nouveau cela restera un mystère insondable, éternellement caché. Tout au plus en goûterons-nous les délices de la béatitude en notre Corps.

Maintenant si nous tenons vraiment à en connaître le mystère, il nous faudra pour cela renoncer à l'engendrement éternel afin de revenir pleinement dans le Divin. Et si nous voulons savoir comment cela se fera alors j'ose y penser en ces termes : sans-mémoire, sans-savoir, sans-vouloir, sans-désir en étant simplement l'Amour à son état le plus élevé.

Cette fois-là, il nous sera donné de goûter au mystère de la rencontre aimante entre Dieu et les âmes mais aussi d'éprouver ce qu'est l'éternel engendrement à la Vie, dans toute la création. En revanche, ce sera sans corps, sans âme, sans esprit, pleinement en Dieu.

De cela, pourrons-nous en prendre conscience ? Non car nous ne serons plus. Il en sera fini de l'histoire ! Mystère insondable, celui de l'abandon absolu à l'Amour !

Infini, Eveilleur de la Vie

Sept jours plus tard après avoir fait sa demande de s'engager comme pèlerin d'Emeraude, Liberté confia à Innommé qu'il était prêt, et qu'il tenait à procéder à cette célébration dès aujourd'hui.

Pour la toute première fois, Innommé paraissait tout autre si différent des autres moments qu'il avait partagés avec son ami. Aussi avant d'aller plus loin, il interrogea Liberté.

- I : Avant de me donner le nom et la devise que tu as choisis, j'aimerai t'entendre au sujet de l'amour. Qu'est-ce qu'aimer pour toi ? »

- L : Innommé, j'ai longtemps entendu dire de par mon éducation chrétienne qu'il fallait aimer son ennemi comme soi-même. Le summum de l'amour étant d'aimer son prochain, ami comme ennemi, comme soi-même. Cerise sur le gâteau, il nous était même dit que celui qui parvenait à cet état de fait recevrait alors une récompense au ciel. Maintenant, à la lumière de ton enseignement, je comprends de quel ennemi il est question en cette parole.

Le principal ennemi qu'il faut aimer par-dessus tout, c'est d'abord nous-même, cet étranger que nous sommes, que nous ne connaissons pas à cause de cet interdit fondateur prônant comme seule vérité qu'il ne faut pas aller vers d'autre connaissance que celle imposée par l'esprit de ce monde.

Ce dernier ne connait rien au sens d'une naissance avec, tout au plus croit-il en un savoir enfermant. Lui seul affirme détenir ce savoir et s'autorisant à décréter qu'il est la vérité, la seule qu'il convient pour l'homme.

Alors pour moi, aujourd'hui, aimer est indissociable de sa propre connaissance en tant que corps-âme-esprit vivant dans un univers visible et invisible. Et je me sais aujourd'hui, hérétique par rapport au communément admis et transgresseur face à l'interdit fondateur.

Alors Innommé pour répondre à ta question, je dirai qu'il y a donc trois façons d'aimer :

La première, celle du corps qui réagit presqu'animalement à ce qui se présente à lui. Un temps il adhère à telle chose ou telle personne pour ensuite aller vers un ailleurs avec toujours autant d'inconstance. Dans l'instant du moment, il est séduit par l'émotion vive soulevée en son corps mais tout dans sa vie reste éphémère et vide, toujours égocentré sur lui-même. La solitude qu'il endure est comparable à un enfer.

La seconde façon d'aimer, celle de l'esprit où cet autre rencontré devient quelqu'un en qui l'individu se complait par cet effet miroir de soi qu'il entretien en l'autre. Quelque part, tel un végétal qui rampe, il essaie d'envahir l'espace de l'autre pour s'y dupliquer plus encore, et renforcer plus encore cet effet miroir.

Un seul but : vivre en l'autre, se sentir exister en sa vie, créer des instants répliquant où sera exorcisée la peur de ne plus être. Alors les magies des fêtes, des retrouvailles régulières et des rituels deviennent de très belles forces obligeantes destructrices.

Puis la mort vient emportant les uns et les autres, et grandit alors en lui la peur de disparaître car ceux en qui ils s'est répliqué ne sont plus. Alors s'est-il posé un jour la question à savoir s'il a véritablement existé ? De quoi ou de qui est-il la réplication ?

Je prends encore cet exemple du couple qui veut avoir des enfants, que signifie cette joie pour toute la famille d'avoir une descendance, le besoin de se répliquer par fidélité absurde au serpent ?

Cet instinct de survie de l'espèce ? La motivation profonde est-elle celle d'avoir de gentils enfants miroirs qu'il faut rendre de plus en plus brillants conforme à nos désirs, et qui serait l'illusion suprême.

Et si par malheur le miroir se brisait en l'enfant sans reflet ne renvoyant pas l'image tant attendue. Alors émergerait ce cortège de malédictions pour des décennies, voir toute une vie : déception, effondrement, rejet, culpabilisation, violences… !

Aimer au niveau de l'esprit possède toujours quelque chose de dévorant, de destructeur, d'envahissant au point d'étouffer l'autre dans le plus intime de lui-même. Un seul but au niveau de l'esprit : se dupliquer, se répliquer. Rassurez-vous cela se fait toujours dans la plus grande gentillesse et amabilité.

Alors qu'en est-il des amitiés ? Sont-elles le fruit d'un attachement fidèle au passé ou cherchent-elles à conduire l'un et l'autre au détachement, à la liberté ?

La voie du couple est souvent celle du semblable, dès que le dissemblable fait son apparition, et que le miroir répliquant disparait alors tout s'effondre parfois même avec violence.

Sur le plan de l'esprit, que cache subtilement et inconsciemment le désir d'enfant ?

Si c'est un désir de renaître en eux, alors leur véritable naissance n'aura jamais lieu ?

L'esprit de ce monde entraine souvent les humains dans des vies d'avortées, non seulement d'eux-mêmes mais ils deviennent aussi parfois acteur de l'avortement de celle des autres.

Le couple qui souhaite vivement une descendance, cherche-t-il véritablement à transmettre la vie alors dans ce cas il est bon de se poser la question si c'est bien de la VIE dont nous parlons ?

Ce qui m'amène à la troisième façon d'aimer, celle de l'âme lorsque l'esprit de l'homme s'est détaché de celui esprit de ce monde pour accorder et aligner sur elle. Pour ces êtres harmonieux, aimer c'est être habité par la passion du désir d'En-Vie.

Un seul désir, tout faire en sa mesure de sorte à aider l'autre à entrer dans la Vie véritable mais il ne s'agit aucunement d'œuvre de bienfaisance qui pourrait déculpabiliser ou tout du moins donner bonne conscience.

Son maître mot le voici : « Liberté », pour cet être qui s'attache à tout prix à libérer les êtres ceux-là même qu'il sait sous le joug de la tyrannie de l'esprit, de la domination, de l'esclavage et de la violence.

Une seule voie s'offre à lui, celle de la solitude et du secret où dans une nécessaire absence à l'autre, incapable d'être physiquement présent à tous, il peut sentir en lui néanmoins chacun d'eux et, par réciprocité, il se sait aussi, reposant mystérieusement en chacun des humains.

Cette inhabitation mutuelle, au sens d'habiter dans, se fait dans le plus grand respect et dans un profond silence. Toutefois celui qui est conscient de cet état de fait, par la force de « Celui qui Est » devient redevable et responsable de ce lien à jamais.

Aimer, c'est savoir être le garant du lien et à tout faire pour que celui-ci soit libre et serve une unique Réalité : la Vie.

Est-ce que l'autre le sait ? Non, mais qu'importe, l'autre dans le secret de l'infini du cœur le sait même si pas encore en son corps et son esprit.

Et s'il en était conscient ? Alors, nous serions en présence du mystère de l'être où l'autre m'est plus intime qu'à moi-même dans le total respect de la liberté et la différence de chacun.

Seule cette façon d'aimer garantit le fondement de mon humanité. Il suffit d'un seul homme capable d'aimer de la sorte pour sauver le monde de sa destruction. »

Innommé, était rempli d'une joie indicible. Les paroles de Liberté étaient tellement justes et pleines de sagesse qu'il l'en remercia très chaleureusement.

La mission d'innommé avait réussi une fois de plus. Vint le moment maintenant de célébrer « Celui qui Est ».

Liberté fit alors part à Innommé de son choix :

- L : Voici le nouveau nom que tout mon être désire : « Infini » et voici ma devise : « Eveilleur de la Vie ».

- I : Toute ma vie j'ai cherché de tout mon être à « Honorer la Vie », et telle est toujours ma devise, mais aujourd'hui voici le plus beau cadeau qu'elle puisse m'offrir et qui m'honore à l'infini, toi dans ton désir de l'éveiller.

Ensemble, dans le secret de l'Etre, ils célébrèrent le Bien-Aimé habité du désir d'En-Vie.

Infini, aujourd'hui l'Eveilleur, était à son tour devenu l'un d'eux : Pèlerin d'Emeraude. »

Glossaire

Akashique : « Akasha » est un mot sanskrit qui signifie "ciel", "espace" ou "éther". C'est la substance énergétique à partir de laquelle toute vie (âme) est formée. Les annales akashiques ou archives akashiques accompagnent l'âme dans toutes ses incarnations, enregistrant toutes les pensées, mots, émotions et actions expérimentées.

Altérité : Caractère de ce qui est autre, reconnaître l'autre dans sa différence

Amnésie : la perte de la mémoire

Anamnèse : le retour à la mémoire de ce qui a été oublié, enfoui

Anastasie : Résurrection

Channeling : méthode par laquelle se manifeste un esprit des plans supérieurs dans le corps physique d'un médium pour parler, écrire, peindre, soigner les autres....

Chaman : encore appelé « medecine-man » ou « sorcier », il est un médiateur entre le monde des esprits et celui des humains. Il est dépositaire d'une sagesse cachée issue de croyances ancestrales. Ses dons peuvent se manifester par une sagesse, une aptitude à la voyance, une capacité à guérir...

Consécratoire : Se dit d'une action qui opère la consécration, c'est-à-dire rendre une chose sacrée. Expression usitée pour dire les paroles et les gestes du prêtre lors de la célébration de la messe

Démon : créature appartenant au monde du mal

Entité : se dit d'un esprit, humain ou non, existant sur le plan de l'invisible

Êtreté : Connaissance du fait d'être, être conscient de ce qui fonde son existence

Exorcisme : Rituel destiné à forcer les esprits maléfiques de nature démoniaque ou satanique à quitter un être humain ou un objet.

Exorciste : celui qui pratique l'exorcisme, prêtre il est mandaté par une Eglise.

Karma : Ancien concept hindou selon lequel chacun récolte ce qu'il a semé (Principe de cause à effet)

Matrice : Ce qui formate, donne une forme comme le ferait un moule sur une matière particulière.

Matriciel(le) : Ce qui met en lien avec la matrice, en l'occurrence celle l'histoire.

Médium : personne psychiquement sensitive capable d'entrer en contact avec le monde des esprits.

Ontologique : Etude sur l'être, ce qui est lié ou appartient à l'être.

Reliance : Remettre du lien là où il avait disparu.

Tourière : se dit de la personne qui, au sein d'un couvent de religieuses cloîtrées, assure le contact avec le monde extérieur : ravitaillement, accueil des visiteurs, de la famille, contacts administratifs